D1827640

Teknik bicara pria & wanita
dalam Bahasa Indonesia

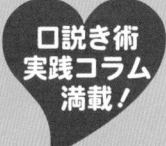

口説き術
実践コラム
満載！

CD付
全フレーズ収録

便利な3併記
cinta インドネシア語
チンタ カタカナ
love 英語訳

オトコ
男と
オンナ
女の
**インド
ネシア**語
会話術

TLS出版社

TLS出版編集部 著

はじめに

　東南アジア諸国連合（ASEAN）の本部があり、ビジネスに観光にと注目を集める国、インドネシア。年間 47 万人以上の日本人がインドネシアを訪れ、そして 13 万人以上のインドネシア人が日本を訪れています。そうした中で日本人とインドネシア人が恋愛に発展するケースが増えています。しかし文化や風習、言葉の違いから、微妙なニュアンスがわからず誤解を招いてしまったり、何とか気持ちを伝えようと頑張っても、なかなか上手く通じず、歯がゆい思いや悔しい思いをされている方が多いのではないでしょうか。

　本書は 2003 年に初版を出版し弊社のベストセラーとなった同一タイトルに時代の変化に合わせた内容変更、各フレーズに英語訳併記などのリニューアルを行い、新たに音声ＣＤを付属した改訂新版です。生々しい表現が含まれており不適切ではないかと思われる方がいらっしゃるかもしれません。しかし語学学校では教えてくれない大人の表現を知らないことで逆に問題が生じる場面が数多くあるということをどうかご理解いただきたいと思います。

　今回内容を改訂するにあたり改めて感じたのは「日本人がインドネシア人と上手く付き合っていくには、その国の事情をよく知ることが大切」ということです。文化・風習・価値観をお互いに認め合い理解し合えば、より愛情を深め合う事が出来るのではないでしょうか。本書を、インドネシアを愛して止まないより多くの皆様にご活用頂き、日尼間の相互理解が深まれば、これ以上幸いなことはありません。

　最後になりましたが本書を製作するにあたりご協力いただいた沢山の方々に心より感謝の意を表し御礼を申し上げます。

ＴＬＳ出版編集部

この本の特長と使い方

1. 本書は ❶インドネシア語の基礎　❷本編　❸男と女の単語集 の3本立てで構成されていて、❷はインドネシア語の発音がCDに収録されています。

2. 『インドネシア語の基礎』は、日本人が分かりやすいよう簡潔に解説してあるので、気軽にインドネシア語に触れることができます。

3. 『本編』は、インドネシア語を勉強していなくてもすぐに使えるよう各フレーズに **「カタカナ読み」** を併記してあります。インドネシア語はCDに収録されていますので繰り返し聞いて発音してみて下さい。カラオケを練習する感覚が上達のコツです。

4. 『本編』は、各フレーズに **「英語訳」** と **「ローマ字」** を併記してありますので、英語話者の方々とのコミュニケーションに使うことができます。他にもインドネシア語話者の方々が **「英語のフレーズ」** や **「日本語のフレーズ」** を覚えることが可能です。

5. 『本編』は、**「6個の章」** と **「50個の場面」** に分けて沢山のフレーズを掲載しています。状況に応じて使えるように構成していますが、使いたいフレーズが他のページに載っているかもしれません。まずは一通りページをめくって目を通してみることをお勧めします。

6. 『本編』の各フレーズはよりリアル感を出すためにあえて **「男性パート」** と **「女性パート」** で分けました。男性が話すフレーズの前には 🧍、女性が話すフレーズの前には 🧍‍♀️ 、両性が話すことのできるフレーズの前には 🧍‍♂️🧍‍♀️ マークを付けてあります。

7. 『男と女の単語集』は、男女間の会話でよく使う **「約900単語」** を収録してあります。自分で簡単な文章を作りたい時、表現力を高めるツールとして活用して下さい。どんな言語でも結局最後は **「単語力」** が物を言います。

もくじ
Contents

Part 1 出会い

男と女の実用コラム

Contents

Part 3 恋人同士

♥ LOVE&SEX

男と女の実用コラム

Part 4 結婚

♥ 妊娠と出産

♥ プロポーズする … 148 CD39

男と女の実用コラム

miniインドネシア語講座

Contents

Contents

Dasar Bahasa
Indonesia

インドネシア語の
基礎

インドネシア語のアルファベット

インドネシア語の表記にはアルファベットを使いますが、英語とは読み方が異なります。

文字		発音
A	a	アー
B	b	ベー
C	c	チェー
D	d	デー
E	e	エー
F	f	エフ
G	g	ゲー
H	h	ハー
I	i	イー
J	j	ジェー
K	k	カー
L	l	エル
M	m	エム

文字		発音
N	n	エン
O	o	オー
P	p	ペー
Q	q	キー
R	r	エル
S	s	エス
T	t	テー
U	u	ウー
V	v	フェー
W	w	ウェー
X	x	エクス
Y	y	イェー
Z	z	ゼッ（ト）

● 「L」は基本的に日本語のラ行の発音で問題ありませんが、「R」は英語以上に強い巻き舌で発音します。イタリア語やスペイン語などでよく聞かれる巻き舌に近いと考えてください。ただ、強い巻き舌が出来なくても問題はありません。舌先を上歯茎に付けないようにして発音すればたいていは通じます。

母音の発音

母音は「a , i , u , e , e', o」の6種類と、母音2文字で構成される2重母音と呼ばれるものが3種類あります。

◆母音……6種類　「u」、「e」、「e'」の発音の区別には注意が必要です

母音	読み	発音のコツ	単語例
a	ア	日本語と同じだが短かめに発音	Nama [ナマ] 名前
i	イ	日本語と同じだが短かめに発音	Ikan [イカン] 魚
u	ウ	唇をすぼめてぐっと前に突き出し「ウ」と強く発音	Susu [スス] ミルク
e	ゥ	口をあまり開かず「エ」の口の形で「ウ」を短めに発音	Sekolah [スコラッ] 学校
e'	エ	日本語と同じだが短かめに発音	Pe'ta [ペタ] 地図
o	オ	日本語と同じだが短かめに発音	Toko [トコ] 店

本書では発音の違いを分かりやすく区別するため「エ」と発音する場合は「e」の右上に記号「'」を付けた「e'」という表記方法を用いています。通常インドネシア語の文書では全て「e」と表記されています。区別するルールはなく、残念ながら慣れる以外に方法がありません。

◆2重母音……3種類

母音	読み	発音のコツ	単語例
ai	アイ	日本語の「アイ」とだいたい同じ。「エイ」と発音する場合もある	Sampai [サンパイ] 〜まで
au	アウ	日本語の「アウ」とだいたい同じ。「オウ」と発音する場合もある	Pulau [プラウ] 島
oi	オイ	発音は「オイ」のみ	Sepoi [スポイ] (風が)そよそよと

● 「母音」って？ … 日本語で言うところの「a ／ア」「i ／イ」「u ／ウ」「e ／エ」「o ／オ」です。50音の「ん」以外の文字は伸ばして発音すると、音も口の形も必ず最後は「ア・イ・ウ・エ・オ」になりますよね。

● 「子音」って？ … 例えば「さくら（桜）」という日本語をローマ字表記で分解すると sakura ⇒ sa + ku + ra ⇒ s + a　k + u　r + a というように母音と組み合わせなければ発音できない文字がありますよね？これら [s] [k] [r] のことを子音と言い、唇や舌などを使って空気の流れを変えて音を作ります。

子音の発音

子音はローマ字読みのルールとほぼ同じです。
ローマ字読みとは異なる発音のものもあるので確認しておきましょう。

◆発音に注意すべき子音……7種類

子音	読み	発音のコツ	単語例
c	「チャ」行	「カ」行の発音ではないことに注意	cepat [チュパッ(ト)] 早い
h	「ハ」行	音節の中間にある「h」はほとんど聞こえないことが多い	tahu [タウ] 知る、知っている
f, v	「ファ」行	「f」と「v」はともに、上前歯で下唇を噛んで発音する。英語の" f "と同じ発音	foto [フォト] 写真 video [フィデオ] ビデオ
l	「ラ」行	舌先を上歯茎の裏側に付けながら発音	lupa [ルパ] 忘れる
r	「ラ」行	強い巻き舌で発音	rokok [ロコッ(ク)] たばこ
s	「サ」行	「si」のみ「シ」ではなく「スィ」となる	sini [スィニ] ここ

◆発音に注意すべき子音と母音の組み合わせ……4種類

子音+母音	読み	単語例
ti	ティ	tiga [ティガ] 数字の3
tu	トゥ	tua [トゥア] 老いた、昔の
di	ディ	dia [ディア] 彼 / 彼女
du	ドゥ	dua [ドゥア] 数字の2

◆2重子音……4種類

子音	読み	発音のコツ	単語例
kh	「カァ」「ハァ」行	喉を鳴らす感じで強めに息を吐きながら「カッ」と「ハッ」を同時に出す	khas [ハァス] 特別な
ng	ン+「ガ」行	「ガ」行に近いが、鼻から抜けるため「ンガ」のように発音	nggak [ンガッ(ク)] いいえ
ny	「ニャ」行	ローマ字読み通りに発音	nyamuk [ニャムッ(ク)] 蚊
sy	「シャ」行	ローマ字読み通りに発音	syukur [シュクル] 感謝

◆末子音……13種類　単語の音節の最後に置かれる子音

母音	読み	発音のコツ	単語例
b	ブ	日本語の「ブ」の「ゥ」の母音を出さないような感覚で	sebab [スバッブ] なぜなら
d	ド	「ドゥ」の音の「ゥ」を出さないような感覚で	maksud [マック) スッド] 意味
f	フ	上前歯で下唇を軽く噛みながら「フ」と短く息を出す	aktif [アック) ティフ] 活発な
h	ッ	息を強く短めに「ハッ」と出す	susah [スサッ] 難しい
k	ッ(ク)	日本語の「トラック」の「ク」を発音する直前の 「ッ」で止める感じで	duduk [ドゥドゥッ(ク)] 座る
l	ル	日本語の「ル」を軽めに発音	kapal [カパル] 船
m	ム	口に力を入れず上下唇を合せて軽く「ム」と発音	malam [マラム] 夜
n	ン	「ン」と聞こえるように口に力を入れず軽く「ヌ」と発音	cincin [チンチン] 指輪
ng	ン	口をあけて「ン」と発音	Jepang [ジュパン] 日本
p	ッ(プ)	「イッパイ(一杯)」の「パ」を発音する直前の 「ッ」で止める感じで	titip [ティティッ(プ)] 予約する
s	ス	日本語の「ス」の「ゥ」の母音を出さないで軽く息を出す	panas [パナス] 熱い
t	ッ(ト)	「イットウ(一頭)」の「ト」を発音する直前の 「ッ」で止める感じで	sedikit [スディキッ(ト)] 少し
r	ル	強い巻き舌で「ル」を発音	lapar [ラパル] お腹がすく

末子音ははっきりと発音されないものが多く、特に「 k, p, t 」が音節末に来たときは
あまり聞き取れない音になります。
本書ではそれぞれのカタカナ読みをッ(ク)、ッ(プ)、ッ(ト)と表記しています。

アクセントとイントネーションについて

インドネシア語ではアクセントの違いで用法や意味の違いが生じることはありませ
ん。基本的にアクセントは、単語の最後から2番目の音節（2音節の単語は最後の音
節）にきます。もしその位置に母音の e (ゥ) がある場合には最後の音節に移ります。
しかしアクセントの位置にそれほど気を配る必要はありません。実際には、強調した
い語特に主語の場合は最後の音節を強く発音することの方が多いようです。
イントネーションは疑問文では「しり上がり」それ以外では「しり下がり」となります。

si a pa [スィアパ] ⇒ 誰　　　　me me san [ムムサン] ⇒ 注文する
① ② ③　　　　　　　　　　　　　① ② ③

語 順

インドネシア語の平叙文の基本語順は英語とほぼ同じ『主語＋動詞＋目的語』です。英語との大きな違いは、①「Be動詞」(is / am / are) にあたる語は基本的に必要ないこと、②被修飾語(名詞)のあとに修飾語(形容詞)が来るということです。

① 主語 ＋ 述語(名詞/形容詞/動詞など)

Saya Tanaka [サヤ タナカ] ⇒ 私 ＋ 田中　「私は田中です。」

Ini mangga [イニ マンガ] ⇒ これ ＋ マンゴー　「これはマンゴーです。」

Ini mahal ! [イニ マハル] ⇒ これ ＋ 高い　「これは高いです！」

Saya makan [サヤ マカン] ⇒ 私 ＋ 食べる　「私は食べます。」

Saya mandi [サヤ マンディ] ⇒ 私 ＋ シャワーを浴びる
　　　　　　　　　　　　　　　　「私はシャワーを浴びます（入浴する）。」

② 主語 ＋ 述語 ＋ 目的語

Saya makan nanas. [サヤ マカン ナナス] ⇒ 私 ＋ 食べる ＋ パイナップル
　　　　　　　　　　　　　　　　　　　　　「私はパイナップルを食べます。」

③ 被修飾語(名詞) ＋ **修飾語**(名詞/代名詞/形容詞など)

orang Jepang [オラン ジュパン] ⇒ 人 ＋ 日本　「日本人」

hotel ini [ホテル イニ] ⇒ ホテル ＋ この　「このホテル」

mobil baru [モビル バル] ⇒ 車 ＋ 新しい　「新しい車」

● 例外として、数量を表わす語句などは基本的に前から修飾します。

banyak orang [バニャッ（ク）オラン] ⇒ たくさん ＋ 人　「たくさんの人」

tiga buah mobil [ティガ ブアッ モビル] ⇒ 3台 ＋ 車　「3台の車」

否定文

動詞・形容詞・副詞・助動詞などの述語部分を否定する場合は tidak [ティダ]
名詞・名詞節の場合は bukan [ブカン] を否定する語の前に置いて否定文を作ります。

Saya tidak pergi. [サヤ ティダ プルギ] ⇒ 私 + tidak（〜ではない） + 行く
　　　　　　　　　　　　　　　　　　　「私は行きません。」

Dia bukan orang Jepang. [ディア ブカン オラン ジュパン]
　⇒ 彼 / 彼女 + bukan（〜ではない） + 人 + 日本　「彼 / 彼女は日本人ではありません。」

疑問文

平叙文や否定文の文頭に Apakah [アパカッ] を置くと疑問文になります。
疑問詞を使う場合は、基本としては文頭または文末に疑問詞を置きます。

Apakah dia orang Jepang ? [アパカッ ディア オラン ジュパン]
　⇒ Apakah（〜ですか？） + 彼 / 彼女 + 人 + 日本　「彼 / 彼女は日本人ですか？」

Apakah dia bukan orang Indone'sia ? [アパカッ ディア ブカン オラン インドネシァ]
　⇒ Apakah（〜ですか？） + 彼 / 彼女 + 〜ではない + 人 + インドネシア
　　「彼 / 彼女はインドネシア人ではないのですか？」

Siapa orang itu ? [スィアパ オラン イトゥ] ⇒ 疑問詞「だれ？」+ 人 + あの
　　　　　　　　　　　　　　　　　　　　　　「あの人は誰ですか？」

Anda makan apa ? [アンダ マカン アパ] ⇒ あなた + 食べる + 疑問詞「何？」
　　　　　　　　　　　　　　　　　　　　　「あなたは何を食べますか？」

数字

インドネシア語では3桁ごとの区切りにピリオド [.] を使い、小数点以下にコンマ [,] を使います。日本とは逆なので注意しましょう。

10〜19		
	10	sepuluh
	11	sebelas
	12	dua belas
	13	tiga belas
	19	sembilan belas

十の位		
	20	dua puluh
	30	tiga puluh
	91	sembilan puluh satu

百の位		
	100	seratus
	101	seratus satu
	250	dua ratus lima puluh
	999	sembilan ratus sembilan puluh sembilan

千・万・十万の位		
	1.000	seribu
	1.001	seribu satu
	2.500	dua ribu lima ratus
	10.001	sepuluh ribu satu
	25.000	dua puluh lima ribu
	100.001	seratus ribu satu

百万〜億の位		
	1.000.000	sejuta / satu juta
	10.000.000	sepuluh juta
	100.000.000	seratus juta
	900.000.000	sembilan ratus juta

十億以上	1.000.000.000	satu milyar

兆	1.000.000.000.000	satu trilyun

● 11のみ satu belas ではなく、belas の前に1を表す se [ス] をつけて sebelas となります。
● 10、100、1000 などは、それぞれの位を表す単語の前に se をつけて表します。

●物の数え方

数を強調する数え方

ティガ オラン アナッ(ク)
tiga orang anak ＝ 子供が3人
※ 数が1の場合のみ satu ＋類別詞
は se ＋類別詞に変化します。
例）1人＝ seorang［スオラン］

名詞を強調する数え方

アナッ(ク) ティガ オラン
anak tiga orang ＝ 3人の子供
※ 数字と類別詞の順番を入れ替え
たり、離すことはできません。

序数的な数え方

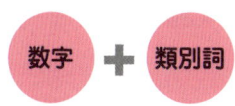

クドゥア
kedua ＝ 2番目
※「1番目」のみ、kesatu［クサトゥ］ではなく
pertama［プルタマ］に変化します。

お金の数え方

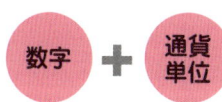

リマ リブルピアッ
Rp. 5.000(lima ribu rupiah) ＝ 5チルピア
※ インドネシアの通貨は ルピアです。
表記は "Rp. ＋数字" ですが、
発音は " 数字＋rupiah" となります。

●電話番号の言い方

特別な決まりはありませんが、3桁-3桁-4桁で区切り、3桁目の数字を上がり調子、
最後の数字は下がり調子で発音してみましょう。

0 2 1 - 1 2 3 - 4 5 6 7

コソン®	ドゥア	サトゥ		サトゥ	ドゥア	ティガ		ンパッ(ト)	リマ	ウナム トゥジュッ
kosong	dua	satu		satu	dua	tiga		empat	lima	enam tujuh

※電話番号や部屋番号の「0」は Nol［ノル］以外に
Kosong［コソン］という言い方がありますので覚えておきましょう。

きほんのあいさつ

● こんにちは
selamat siang ［１１〜１５時頃］
スラマッ(ト) スィアン
selamat sore' ［１５〜１８時頃］
スラマッ(ト) ソレ

● おげんきですか？
apa kabar ?
アパ カバル

● はじめまして
perkenalkan
プルクナルカン

● ありがとう
terima kasih
トゥリマ カスィッ

● どういたしまして
sama-sama
サマ - サマ

● すみません
permisi
プルミスィ

● さようなら
selamat jalan ［見送る側］
スラマッ(ト) ジャラン
selamat tinggal ［見送られる側］
スラマッ(ト) ティンガル

● またあいましょう
sampai ketemu lagi
サンパイ クトゥム ラギ

Part 1

出会い

- アプローチをかける
- 相手をほめる
- 相手を知る
- 気持ちを伝える

Waktu bertemu
♡Pendekatan
Waktu kencan
Dengan pacar
Waktu menikah
Dalam kesulitan
Dangan teman
Kosakata

街角で
Di sudut jalan

CD 01

ねえ、ちょっと、素敵なお嬢さん！

nē, chotto, suteki na ojōsan !

イ **He'i, cantik !**
　　ヘイ　チャンティッ(ク)

英 Hello gorgeous !

ねえ、君！ 今、一人？

nē, kimi. ima, hitori ?

イ **Kamu lagi sendirian, ya ?**
　　カム　　ラギ　　スンディリアン　　ヤ

英 Hi, are you alone ?

誰かと待ち合わせ？

dareka to machiawase ?

イ **Janjian dengan siapa ?**
　　ジャンジアン　ドゥンガン　スィアパ

英 Are you meeting someone ?

友達を待ってるの？

tomodachi o matteru no ?

イ **Lagi nunggu teman ya ?**
　　ラギ　　ヌング　　トゥマン　　ヤ

英 Are you waiting for your friend ?

ええ、あなたを待ってたの。

ē, anata o matteta no.

イ **Saya sedang menunggu kamu.**
　　サヤ　　スダン　　ムヌング　　カム

英 Yeah, I was waiting for you.

ちょっと話してもいい？ *chotto hanashitemo ī ?*

Bole'h ngobrol ?
ボレッ　ンゴブロル
英 Let me talk to you.

何？ *nani ?*

Apa ?
アパ
英 What is it ?

リッツホテルはどこ？ *rittsu hoteru wa doko ?*

Hotel Ritz dimana, ya ?
ホテル　リッツ　ディマナ　ヤ
英 Where can I find the Ritz hotel ?

今、時間ある？ 何か飲まない？ *ima, jikan aru ? nani ka nomanai ?*

Sekarang, ada waktu ?　Mau minum sesuatu ?
スカラン　アダ　ワクトゥ　マウ　ミヌム　ススアトゥ
英 Do you have time for a drink ?

ごめんなさい、急いでるの。 *gomen'nasai, isoideru no.*

Maaf, saya lagi buru-buru.
マアフ　サヤ　ラギ　ブル・ブル
英 I'm sorry. I'm in a hurry.

少しだけならOKよ。 *sukoshi dake nara ōkē yo.*

Bisa tetapi sebentar saja, ya !
ビサ　トゥタピ　スブンタル　サジャ　ヤ
英 OK, if we can keep it short.

出会い
♡アプローチをかける

デート

恋人同士

結婚

トラブル

友達同士

単語集

Waktu bertemu

♡Pendekatan

Waktu kencan

Dengan pacar

Waktu menikah

Dalam kesulitan

Dangan teman

Kosakata

今、何時？

ima, nanji ?

🚩 **Sekarang, jam berapa ?**
スカラン　　ジャム　　ブラパ

英 What time is it now ?

どこかでお会いしませんでしたっけ？

dokoka de oai shimasen deshitakke ?

🚩 **Sepertinya kita pernah bertemu ?**
スプルティニャ　　キタ　　ブルナッ　　ブルトゥム

英 Have we met someplace before ?

人違いじゃないの？

hitochigaijanai no ?

🚩 **Tidak salah orang ?**
ティダ　　サラッ　　オラン

英 I think you're mistaking me for someone else.

そうね。夢の中であったかもね。

sōne. yume no naka de atta kamo ne.

🚩 **Oo ya. Mungkin kita pernah bertemu**
オォ　ヤ　　ムンキン　　キタ　　ブルナッ　　ブルトゥム

dalam mimpi.
ダラム　　ミンピ

英 Yeah, maybe we met in a dream.

これからどこに行くの？

kore kara doko ni iku no ?

🚩 **Dari sekarang mau ke mana ?**
ダリ　　スカラン　　マゥ　　ク　　マナ

英 Where are you going ?

あなたには関係ないわ。 *anata niwa kankē nai wa.*

Tidak ada hubungannya sama kamu.
ティダ　アダ　フブンガンニャ　サマ　カム

英 I don't think that concerns you.

付いて来るつもり？ *tsuitekuru tsumori ?*

Koq kamu ikut, sih ?
コッ(ク)　カム　イクッ(ト)　スィッ

英 Are you following me ?

待ってる人は来ないんじゃないの？ *matteru hito wa konainjanai no ?*

Orang yang kamu tunggu tidak datangkan ?
オラン　ヤン　カム　トゥング　ティダ　ダタンカン

英 He's not coming, is he ?

そんなことないわ。彼は遅刻の常習犯なの。 *son'na koto nai wa. kare wa chikoku no jōshūhan nano.*

Tidak juga. Dia me'mang selalu jam kare't.
ティダ　ジュガ　ディア　メマン　スラル　ジャム　カレッ(ト)

英 No, I think he's coming. He's just always late.

来なかったら私をどうするつもり？ *konakattara watashi o dōsuru tsumori ?*

Kalau tidak datang, saya bagaimana ?
カラウ　ティダ　ダタン　サヤ　バガイマナ

英 What do you have planned for us if he doesn't show up ?

♡ 出会い　アプローチをかける

デート

恋人同士

結婚

トラブル

友達同士

単語集

♥Pendekatan

Waktu bertemu

Waktu kencan

Dengan pacar

Waktu menikah

Dalam kesulitan

Dengan teman

Kosakata

店で
Di rumah makan

CD 02

隣、空いてる？ 座ってもいい？ *tonari, aiteru ? suwattemo ī ?*

Sebelahnya kosong, ya ? Bole'h duduk ?
スブラッニャ　　　コソン　　　ヤ　　　ボレッ　ドゥドゥッ(ク)

英 Is this seat taken ? May I join you ?

どうぞ、スペシャルシートよ。 *dōzo, supesharu shīto yo.*

Silakan, ini kursi spe'sial untuk kamu.
スィラカン　イニ　クルスィ　スペシアル　ウントゥッ(ク)　カム

英 Sure, consider this seat reserved just for you.

ごめんなさい、人が来るの。 *gomen'nasai, hito ga kuru no.*

Maaf, ada orang yang datang.
マアフ　アダ　オラン　ヤン　ダタン

英 Sorry, but I'm expecting someone.

ここにはよく来るの？ *koko niwa yoku kuru no ?*

Sering datang ke sini ?
スリン　ダタン　ク　スィニ

英 Do you come here often ?

ここの店に来るのは初めて？ *koko no mise ni kuru nowa hajimete ?*

Baru pertama kali datang ke toko ini ?
バル　プルタマ　カリ　ダタン　ク　トコ　イニ

英 Is this your first time here ?

24

一人で飲んでるの？ 僕と飲もうよ。

hitori de nonderu no ? boku to nomō yo.

イ **Minum sendirian saja ? Ayo minum sama-sama.**

ミヌム　スンディリアン サジャ　アヨ　ミヌム　サマ・サマ

英 Are you here alone ? Shall we have a drink together ?

じゃあ、あなたのおごりでもう一杯いい？

jā, anata no ogori de mōippai ī ?

イ **Kalau begitu, segelas lagi kamu yang**

カラウ　ブギトゥ　スグラス　ラギ　カム　ヤン

bayarin, ya ?

バヤリン　ヤ

英 Well, would you like to buy me a drink then ?

ごめんなさい、一人でいたいの。　*gomen'nasai, hitori de itai no.*

イ **Maaf, saya mau sendirian saja.**

マアフ　サヤ　マウ　スンディリアン　サジャ

英 Sorry, I prefer to be alone.

なにボーッと考え事してるの？

nani bōtto kangaegoto shiteru no ?

イ **Ngelamunin apa ?**

ングラムンニン　アパ

英 What are you thinking of ?

気分はどう？　*kibun wa do ?*

イ **Gimana perasaannya ?**

ギマナ　ブラサアンニャ

英 Are you having fun ?

♡**Pendekatan**

前にもこの店で見かけたことあるんだけどな。

mae nimo kono mise de mikaketa koto arundakedo na.

イ Sebelumnya saya pernah lihat Anda di toko ini.

スブルムニャ　サヤ　ブルナッ リハッ(ト) アンダ ディ トコ イニ

英 I've seen you here before.

もう一杯どう？ これ僕からのおごり。

mō ippai dō ? kore boku kara no ogori.

イ Mau segelas lagi ? Yang ini, saya yang traktir.

マウ　スグラス　ラギ　ヤン イニ サヤ　ヤン トラクティル

英 How about another glass ? It's my treat.

ありがとう。遠慮なくいただくわ。

arigatō. enryonaku itadaku wa.

イ Oh...terima kasih.

オッ　トゥリマ　カスィッ

英 Thank you, I'd like that.

私を酔わせてどうするつもり？

watashi o yowasete dō suru tsumori ?

イ Kamu mau ngapain sih kalau saya mabuk ?

カム　マウ　ンガパイン スィッ カラウ　サヤ　マブッ(ク)

英 Why are you making me drunk ?

どこかへ行こうよ。

dokoka e ikō yo.

イ Ayo kita pergi ke tempat lain.

アヨ　キタ　ブルギ　ク トゥンパッ(ト) ライン

英 Let's go somewhere else.

何だか怪しいわ。

nandaka ayashī wa.

イ Kayaknya tidak bisa di percaya de'h.

カヤニャ　ティダ　ビサ　ディ　ブルチャヤ　デッ

英 I'm sorry, but I'm not comfortable doing that.

26

そうね、どこかへ行きましょう。 *sōne, dokoka e ikimashō.*

イ Iya, ayo kita pergi ke suatu tempat.
イヤ　アヨ　キタ　プルギ　ク　スアトゥ　トゥンパッ(ト)

英 OK, let's go somewhere else.

美味しそうだね、何飲んでるの？ *oishisō dane, nani nonderu no?*

イ Sepertinya minumanmu e'nak, lagi minum apa?
スプルティニャ　　　ミヌマンム　エナッ(ク) ラギ　ミヌム　アパ

英 That drink looks good. What is it?

「（飲み物の名前）」よ、あなたもどう？ *( ) yo. anata mo dō?*

イ Ini (nama minuman), kamu mau?
イニ　ナマ　ミヌマン　カム　マウ

英 This is a ( ). Would you like one too?

出会い
♡アプローチをかける

デート

恋人同士

結婚

トラブル

友達同士

単語集

男と女の実用コラム

ジゴロに注意

　インドネシアを旅行中の女性は要注意。観光客のいる所にはジゴロがいます。ジゴロはグループで活動し複数の女性を偽装恋愛相手としてお金を貢がせようとします。彼らは貢がせたお金を仲間で分配する代わりに、女性を釣る時や関係を維持させる場合に協力し合うのです。彼らはプロです。ジゴロであった父や仲間から学び、ロンボク島でデビューを果たしやがてバリ島に来ると言われています。

Part 1 出会い
waktu bertemu

アプローチをかける
Pendekatan

Waktu bertemu
Pendekatan

Waktu kencan

Dengan pacar

Waktu menikah

Dalam kesulitan

Dangan teman

Kosakata

旅先で
Perjalanan

CD 03

とっておきの場所を知ってるんだ。一緒に行かない？
totteoki no basho o shitterunda. issho ni ikanai ?

イ Saya tahu tempat yang sangat spe'sial.
サヤ　タウ　トゥンパッ(ト)　ヤン　サンガッ(ト)　スペシアル

Ke sana, yuk...
ク　サナ　ユッ(ク)

英 Would you be interested in going to a cool place I know ?

うん、行きたい。連れて行って！
un, ikitai. tsurete itte !

イ Iya, saya ingin pergi. Ajak saya, ya !
イヤ　サヤ　インギン　プルギ　アジャッ(ク)　サヤ　ヤ

英 Sure, take me there.

写真撮ってくれる？
shashin totte kureru ?

イ Tolong fotoin.
トロン　フォトイン

英 Would you mind taking a picture of me ?

どうかしたの？　力になろうか？
dōka shita no ? chikara ni narō ka ?

イ Kenapa ? Apa kamu perlu bantuan saya ?
クナパ　アパ　カム　プルル　バントゥアン　サヤ

英 What happened ? Is there something I can do to help you ?

どこから来たの？ *doko kara kita no?*

イ Datang dari mana ?
ダタン ダリ マナ

英 Where are you from ?

一人旅？ 僕がお供しましょうか？ *hitoritabi? boku ga otomo shimashō ka?*

イ Sendirian saja, ya ? Saya temani, ya...
スンディリアン サジャ ヤ サヤ トゥマニ ヤ

英 Are you alone ? Shall I accompany you ?

あなたが一緒なら心強いわ。 *anata ga issho nara kokorozuyoi wa.*

イ Saya merasa aman bila bersama dengan kamu.
サヤ ムラサ アマン ビラ ブルサマ ドゥンガン カム

英 I would welcome your company.

ありがとう、気持ちだけもらっておくわ。 *arigatō, kimochi dake moratte oku wa.*

イ Terima kasih. Terima kasih atas perhatiannya.
トゥリマ カスィッ トゥリマ カスィッ アタス ブルハティアンニャ

英 Thank you, but that won't be necessary.

明日はどこに行く予定？ *ashita wa doko ni iku yotē?*

イ Be'sok rencananya mau pergi ke mana ?
ベソッ(ク) ルンチャナニャ マウ ブルギ ク マナ

英 Where are you going tomorrow ?

「（場所）」へはどうやって行けばいい？ *( ) ewa dōyatte ikeba ī?*

イ Kalau mau ke (tempat) bagaimana cara
カラウ マウ ク トゥンパッ(ト) バガイマナ チャラ

perginya ?
ブルギニャ

英 How can I get to ( ) ?

出会い
♡アプローチをかける

デート

恋人同士

結婚

トラブル

友達同士

単語集

Part 1 出会い
waktu bertemu

Waktu bertemu
♡Pendekatan
Waktu kencan
Dengan pacar
Waktu menikah
Dalam kesulitan
Dengan teman
Kosakata

ここへは仕事で来たの？ それとも休暇？
koko ewa shigoto de kita no ? soretomo kyūka ?

イ Kamu ke sini bekerja ? Atau, main-main ?
カム　ク スィニ プクルジャ　　アタウ　　マイン・マイン

英 Are you here on business or pleasure ?

明日もしよければ、案内してくれないかな？
ashita moshi yokereba, an'nai shite kurenai kana ?

イ Be'sok, kalau kamu nggak keberatan,
ベソッ(ク)　カラウ　　カム　　ンガッ(ク)　　クブラタン

tolong antarkan saya, ya.
トロン　　アンタルカン　　サヤ　　ヤ

英 Would you mind showing me around tomorrow ?

喜んで案内するわ。
yorokonde an'nai suru wa.

イ Dengan senang hati saya antar kamu keliling.
ドゥンガン　　スナン　　ハティ　サヤ　アンタル　　カム　　クリリン

英 I would be glad to show you around.

うーん、残念。明日は一緒に行けないんだ。
ūn, zan'nen. ashita wa issho ni ikenainda.

イ Ah, sayang. Be'sok tidak bisa pergi sama-sama.
アッ　サヤン　　ベソッ(ク) ティダ　ビサ　ブルギ　　サマ-サマ

英 Unfortunately, I can't go with you tomorrow.

僕達この辺よく知らないんだ。
bokutachi, kono hen yoku shiranainda.

イ Kami kurang tahu dae'rah ini.
カミ　　クラン　　タウ　　ダエラッ　イニ

英 We don't know this area very well.

出会い
♡アプローチをかける

デート

恋人同士

結婚

トラブル

友達同士

単語集

男と女の実用コラム

愛してる

　インドネシア語にも「Aku cinta kamu（愛してます）」という言葉はありますが、普段は照れくさくて使いません。日本と同じです。通常の生活で「Aku cinta kamu」などと言うとわざとらしくも聞こえます。若い人の間では思い切って使う事もあるようですが、大体がお互いの日常の中に埋もれてしまっています。

　しかし照れくさくはあっても一度は使いたい憧れの言葉なのでしょう、この言葉は歌や映画の台詞で頻繁に出てきます。外国人は言葉の感覚がつかめず「I love you」と言うような調子で使うので、インドネシア人はその言葉にうっとりしてしまうようです。

Waktu bertemu
♡Pendekatan

Waktu kencan

Dengan pacar

Waktu menikah

Dalam kesulitan

Dangan teman

Kosakata

ビーチで
Di pantai

CD 04

ボートに乗らない？ *bōto ni noranai ?*

イ **Mau naik perahu gak ?**
マウ　ナイッ(ク)　ブラフ　ガッ(ク)

英 Would you like to ride in a boat ?

わぁ、楽しそうね。乗りたいわ。 *wā, tanoshisō ne. noritai wa.*

イ **Wah, sepertinya asyik juga. Saya mau naik.**
ワッ　スプルティニャ　アシッ(ク)　ジュガ　サヤ　マウ　ナイッ(ク)

英 That sounds like fun. I would like to try that.

今は寝転んでいたいの。 *ima wa nekoronde itai no.*

イ **Saya ingin berbaring.**
サヤ　インギン　ブルバリン

英 I just want to lie down for now.

いい天気だね。一緒に泳ごうよ。 *ī tenki dane. issho ni oyogō yo.*

イ **Hari yang cerah. Ayo sama-sama berenang.**
ハリ　ヤン　チュラッ　アヨ　サマ・サマ　ブルナン

英 Nice weather, isn't it ? Why don't we swim together ?

ねぇ、何してるの？ 一緒に遊ぼうよ。 *nē, nani shiteru no ? issho ni asobō yo.*

イ **Sedang ngapain ? Ayo main sama-sama.**
スダン　ンガバイン　アヨ　マイン　サマ・サマ

英 What are you up to ? Let's go have some fun.

日焼け止めクリーム持ってる？　*hiyakedome kurīmu motteru ?*

イ Punya krim tabir surya ?
プニャ　クリム　タビル　スルヤ

英 Do you have any sunscreen ?

あるわよ。塗ってあげましょうか？　*aru wayo. nutte agemashō ka ?*

イ Punya. Mau saya ole'skan ?
プニャ　マウ　サヤ　オレスカン

英 Yes. Would you like me to help you with it ?

よく焼けた肌だね。　*yoku yaketa hada dane.*

イ Kulitnya cukup terbakar, ya.
クリッ(ト)ニャ チュクッ(プ)　トゥルバカル　ヤ

英 You have a golden brown tan.

あそこで何か飲まない？　*asoko de nanika nomanai ?*

イ Mau minum di sana ?
マウ　ミヌム　ディ　サナ

英 Would you like to have a drink over there ?

そうね、何かおごってくれる？　*sōne, nanika ogotte kureru ?*

イ Apakah kamu akan mentraktir ?
アパカッ　カム　アカン　ムントゥラクティル

英 Sure, would you buy me something ?

クタビーチに行こうよ。　*kuta bīchi ni ikō yo.*

イ Mari kita pergi ke Pantai Kuta.
マリ　キタ　プルギ　ク　パンタイ　クタ

英 Let's go to a Kuta Beach.

出会い

♡アプローチをかける

デート

恋人同士

結婚

トラブル

友達同士

単語集

Waktu bertemu
♡**Pendekatan**

Waktu kencan

Dengan pacar

Waktu menikah

Dalam kesulitan

Dengan teman

Kosakata

パーティーで
Di pe'sta

CD 05

ちょっと外に出ようよ。 *chotto soto ni deyō yo.*

Ⓘ Ayo, kita pergi ke luar sebentar.
アヨ　キタ　ブルギ　ク　ルアル　スプンタル
英 Let's go outside for a while.

そうね、気分を変えましょうか。 *sōne, kibun o kaemashō ka.*

Ⓘ Iya, cari suasana baru.
イヤ　チャリ　スアサナ　バル
英 Yeah, let's change the mood.

パーティー、楽しんでる？ *pātī, tanoshinderu ?*

Ⓘ Bagaimana, senang di pe'sta ini ?
バガイマナ　　スナン　ディ　ベスタ　イニ
英 Are you enjoying the party ?

一緒に踊らない？ *issho ni odoranai ?*

Ⓘ Tidak mau joge't bersama ?
ティダ　マウ　ジョゲッ(ト)　ブルサマ
英 Would you like to dance with me ?

私、上手く踊れないの。 *watashi, umaku odorenai no.*

Ⓘ Maaf, saya tidak pintar joge't.
マアフ　サヤ　ティダ　ピンタル　ジョゲッ(ト)
英 I'm not a good dancer.

34

あなたがエスコートしてくれるなら喜んで。
anata ga esukōto shite kureru nara yorokonde.

Saya senang sekali bila kamu mau
サヤ　スナン　スカリ　ビラ　カム　マウ

menemani saya menari.
ムヌマニ　　サヤ　ムナリ

英 Sure, if you'll escort me.

もっと楽しもうよ。
motto tanoshimō yo.

Ayo kita nikmati lebih dari ini.
アヨ　キタ　ニクマティ　ルゥビッ　ダリ　イニ

英 Let's have more fun.

赤いドレスが素敵だね！
akai doresu ga suteki dane !

Kamu cantik pakai baju me'rah !
カム　チャンティッ(ク)　パカイ　バジュ　メラッ

英 That red dress looks nice on you.

私をホメてるの？ドレスをホメてるの？
watashi o hometeru no ? doresu o hometeru no ?

Kamu memuji saya ?　Atau memuji bajunya ?
カム　　ムムジ　　サヤ　　アタウ　　ムムジ　　バジュニャ

英 Are you complimenting my dress or me ?

よかったらそこのテーブルで一緒に飲もうよ。
yokattara soko no tēburu de issho ni nomō yo.

Kalau bole'h kita minum sama-sama di me'ja itu.
カラウ　ボレッ　キタ　ミヌム　サマ・サマ　ディ メジャ イトゥ

英 Would you like to have a drink with me at the table over there ?

出会い
♡アプローチをかける

デート

恋人同士

結婚

トラブル

友達同士

単語集

Waktu bertemu

♡ Pendekatan

Waktu kencan

Dengan pacar

Waktu menikah

Dalam kesulitan

Dengan teman

Kosakata

今日の二人の出会いに乾杯しよう。

kyō no futari no deai ni kampai shiyō.

✓ **Untuk pertemuan ini, mari kita bersulang**
ウントゥッ(ク)　プルトゥムアン　イニ　マリ　キタ　ブルスラン

angkat gelas.
アンカッ(ト)　グラス

英 Here's a toast to our meeting today.

自己紹介してもいい？

jikoshōkai shitemo ī ?

✓ **Bole'h saya memperkenalkan diri ?**
ボレッ　サヤ　ムムブルクナルカン　ディリ

英 May I introduce myself ?

友達と一緒なの？

tomodachi to issho nano ?

✓ **Kamu datang sama teman ?**
カム　ダタン　サマ　トゥマン

英 Did you come here with friends ?

ええ、でもどこに行っちゃったのかしら？

ē, demo doko ni icchatta no kashira ?

✓ **Iya, tapi saya tidak tahu ke mana tadi dia pergi ?**
イヤ　タピ　サヤ　ティダ　タウ　ク　マナ　タディ ディア　ブルギ

英 Yeah, but I wonder where they went ?

ええ、あそこにいる彼女が友達なの。

ē, asoko ni iru kanojo ga tomodachi nano.

✓ **Iya, wanita yang ada di sana itu teman saya.**
イヤ　ワニタ　ヤン　アダ　ディ　サナ　イトゥ　トゥマン　サヤ

英 Yeah, the girl over there is my friend.

君たちとご一緒してもいいかな？
kimitachi to goissho shitemo ī kana ?

① Bole'h sama-sama ?
ボレッ　　　サマ・サマ

英 May I join you ?

喜んで。
yorokonde.

① Dengan senang hati.
ドゥンガン　　スナン　　ハティ

英 Sure.

恋人が一緒なの？
koibito ga issho nano ?

① Datang bareng pacar ?
ダタン　　　バルン　　バチャル

英 Did you come here with your (boyfriend / girlfriend) ?

「（人の名前）」とはどういう知り合い？ *( ) towa dōyū shiriai ?*

① Kenal di mana sama (nama orang) ?
クナル　ディ　マナ　サマ　　ナマ　　オラン

英 So how do you know ( ) ?

出会い
♡アプローチをかける

デート

恋人同士

結婚

トラブル

友達同士

単語集

Waktu bertemu
♡ Pendekatan
Waktu kencan
Dengan pacar
Waktu menikah
Dalam kesulitan
Dangan teman
Kosakata

職場で
Di tempat kerja

CD 06

仕事は何時に終わるの？ *shigoto wa nanji ni owaru no ?*

🇮🇩 **Jam berapa pekerjaannya selesai ?**
ジャム　ブラパ　ブクルジャアンニャ　スルゥサイ
🇬🇧 What time do you finish work ?

仕事が終わってから予定あるの？ *shigoto ga owatte kara yotē aru no ?*

🇮🇩 **Habis kerja ada rencana ?**
ハビス　クルジャ　アダ　ルンチャナ
🇬🇧 Do you have any plans after work ?

うーん、分からないな。聞いてどうするの？ *ūn, wakaranai na. kīte dō suru no ?*

🇮🇩 **Tidak tahu. Koq tanya terus, kenapa ?**
ティダ　タウ　コッ(ク)　タンニャ　トゥルス　クナパ
🇬🇧 Not sure yet. What do you have in mind ?

特に無いけど。 *toku ni nai kedo.*

🇮🇩 **Tidak ada yang penting sih.**
ティダ　アダ　ヤン　ブンティン　スィッ
🇬🇧 Not really.

手伝いましょうか？ *tetsudaimashō ka ?*

🇮🇩 **Mari saya bantu.**
マリ　サヤ　バントゥ
🇬🇧 May I help you ?

ありがとう、助かるよ。 *arigatō, tasukaru yo.*

🇮🇩 Terima kasih. Sudah ditolong.
トゥリマ　カスィッ　スダッ　ディトロン

🇬🇧 Thank you. That's nice of you.

いつも頑張ってますね。 *itsumo gambatte masu ne.*

🇮🇩 Selalu rajin, ya...
スラル　ラジン　ヤ

🇬🇧 You seem to be a hard worker.

何か飲み物でもどうですか？ *nanika nomimono demo dō desu ka ?*

🇮🇩 Mau minum apa ?
マウ　ミヌム　アパ

🇬🇧 Shall I get you something to drink ?

はかどってる？ *hakadotteru ?*

🇮🇩 Apakah semua baik-baik saja ?
アパカッ　スムア　バイッ(ク)・バイッ(ク)　サジャ

🇬🇧 Is everything going alright ?

おつかれさま。 *otsukaresama.*

🇮🇩 Sampai ketemu lagi.
サムパイ　クトゥム　ラギ

🇬🇧 Good job.

出会い
♡ アプローチをかける

デート

恋人同士

結婚

トラブル

友達同士

単語集

Waktu bertemu

♡Memuji lawan

Waktu kencan

Dengan pacar

Waktu menikah

Dalam kesulitan

Dangan teman

Kosakata

容姿
Roman

CD 07

いいスタイルだね。 *Ī sutairu dane.*

イ Gayanya bagus.
ガヤニャ　バグス

英 You have a nice figure.

恥ずかしいわ。 *hazukashī wa.*

イ Jadi malu, ah...
ジャディ　マル　アッ

英 You're embarrassing me.

君ってすごくかわいいね。 *kimitte sugoku kawaī ne.*

イ Kamu sangat manis.
カム　サンガッ(ト)　マニス

英 You are very pretty.

かっこいいね。 *kakko ī ne.*

イ Kamu kere'n ya.
カム　クレン　ヤ

英 You are so cool.

服のセンスがいいね。 *fuku no sensu ga ī ne.*

イ Sele'ra pakaiannya bagus, lho...
スレラ　パカイアンニャ　バグス　ロー

英 You have good taste in clothing.

♡ 相手をほめる

男のセンスもいいのよ。 *otoko no sensu mo ī noyo.*

🇮🇩 **Sele'ra cowoknya juga bagus.**
スレラ　チョウォッ(ク)ニャ　ジュガ　バグス

🇬🇧 I have good taste in men too.

笑顔がかわいいね。 *egao ga kawaī ne.*

🇮🇩 **Senyumnya menarik.**
スニュムニャ　ムナリッ(ク)

🇬🇧 You've got a beautiful smile.

その髪型、似合ってるよ。 *sono kamigata, niatteru yo.*

🇮🇩 **Kamu cocok dengan rambut seperti itu.**
カム　チョチョッ(ク)　ドゥンガン　ランブッ(ト)　スプルティ　イトゥ

🇬🇧 That hair style looks nice on you.

本当に？ うれしいわ。 *hontō ni ? ureshī wa.*

🇮🇩 **O...ya ? Saya senang.**
オー　ヤ　　サヤ　スナン

🇬🇧 Really ? I'm happy to hear that.

色が白いんだね。 *iro ga shiroinda ne.*

🇮🇩 **Kulitnya putih ya.**
クリッ(ト)ニャ　プティッ　ヤ

🇬🇧 You have beautiful light skin.

きれいな指してるね。 *kirē na yubi shiteru ne.*

🇮🇩 **Jari kamu bagus.**
ジャリ　カム　バグス

🇬🇧 You have beautiful fingers.

デート　恋人同士　結婚　トラブル　友達同士　単語集

Waktu bertemu
♥Memuji lawan

Waktu kencan

Dengan pacar

Waktu menikah

Dalam kesulitan

Dangan teman

Kosakata

私、あなたみたいな人タイプよ。
watashi, anata mitai na hito taipu yo.

🇮🇩 **Tipe saya, yang seperti kamu.**
ティブゥ　サヤ　　ヤン　スプルティ　カム

🇬🇧 You are my type.

きれいな顔立ちだね。
kirē na kaodachi dane.

🇮🇩 **Wajahnya cantik.**
ワジャッニャ　チャンティッ(ク)

🇬🇧 You have a beautiful face.

仕草がかわいいね。
shigusa ga kawaī ne.

🇮🇩 **Tingkah lakumu menggemaskan.**
ティンカッ　ラクム　　ムングマスカン

🇬🇧 Your natural reactions to things are very cute.

さわやかだね。
sawayaka dane.

🇮🇩 **Segar.**
スガル

🇬🇧 You are like a breath of fresh air.

サラサラしててきれいな髪だね。
sarasara shitete kirē na kami dane.

🇮🇩 **Rambutnya indah dan halus.**
ランブッ(ト)ニャ　インダッ　ダン　ハルス

🇬🇧 Your hair is smooth and beautiful like silk.

自慢の髪なの。
jiman no kami nano.

🇮🇩 **Bangga dengan rambut saya.**
バンガ　ドゥンガン　ランブッ(ト)　サヤ

🇬🇧 I like my hair.

ガッチリした人ってタイプよ。 *gacchiri shita hitotte taipu yo.*

Saya suka orang yang kekar.
サヤ スカ オラン ヤン クカル
英 I like solidly built men.

君の瞳がまぶしいよ。 *kimi no hitomi ga mabushī yo.*

Mata kamu mempesona.
マタ カム ムンプソナ
英 You have dazzling eyes.

冗談でしょ？ *jōdan deshō ?*

Becanda, ya...?
ブチャンダ ヤ
英 Are you kidding me ?

君の笑顔が好きだよ。 *kimi no egao ga suki dayo.*

Aku suka senyumanmu.
アク スカ スニュマンム
英 I like your smile.

みんなに言ってるんでしょ？ *min'na ni itterun deshō ?*

Kamu bicara seperti itu ke semua orang ?
カム ピチャラ スプルティ イトゥ ク スムア オラン
英 You say that to everyone, don't you ?

長くてセクシーな脚だね。 *nagakute sekushī na ashi dane.*

Kaki kamu panjang dan se'ksi.
カキ カム パンジャン ダン セックスィ
英 You have beautiful long legs.

Waktu bertemu
♥Memuji lawan

Waktu kencan

Dengan pacar

Waktu menikah

Dalam kesulitan

Dangan teman

Kosakata

持ち物
Barang bawaan

CD 08

めずらしい時計してるわね。 *mezurashī tokē shiteru wane.*

イ Mode'l jamnya unik ya.
モデル　　ジャムニャ　ウニッ(ク)　ヤ

英 That's a very unique watch you have.

かわいい靴だね。 *kawaī kutsu dane.*

イ Sepatunya lucu.
スパトゥニャ　　ルチュ

英 Your shoes are cute.

きれいな指輪だね。 *kirē na yubiwa dane.*

イ Cincinnya bagus.
チンチンニャ　　バグス

英 That's a beautiful ring.

いい匂いだね。何つけてるの？ *ī nioi dane. nani tsuketeru no?*

イ Wanginya e'nak. Pakai apa?
ワンギニャ　　エナッ(ク)　　パカイ　　アパ

英 You smell very nice. What are you wearing?

おしゃれなネクタイね。 *oshare na nekutai ne.*

イ Dasinya gaya.
ダスィニャ　　ガヤ

英 That's a nice tie.

そのメガネあなたに似合ってるわね。

sono megane anata ni niatteru wane.

イ Kaca mata itu cocok untuk kamu.
カチャ　マタ　イトゥ チョチョッ(ク) ウントゥッ(ク)　カム

英 Those glasses look nice on you.

かっこいいサングラスだね。

kakkoī sangurasu dane.

イ Kaca mata hitam yang bagus.
カチャ　マタ　ヒタム　ヤン　バグス

英 Those are cool sunglasses.

素敵なネックレスだね。

suteki na nekkuresu dane.

イ Kalung yang indah.
カルン　ヤン　インダッ

英 That's a beautiful necklace.

その色まさに君の色って感じ。

sono iro masa ni kimi no irotte kanji.

イ Saya merasa warna itu adalah warna kamu.
サヤ　ムラサ　ワルナ　イトゥ　アダラッ　ワルナ　カム

英 That color really looks good on you.

どんな色でも君に似合うよ。

don'na iro demo kimi ni niau yo.

イ Warna apa saja cocok untuk kamu.
ワルナ　アパ　サジャ チョチョッ(ク) ウントゥッ(ク)　カム

英 You really look good in any color.

Waktu bertemu

♥Memuji lawan

Waktu kencan

Dengan pacar

Waktu menikah

Dalam kesulitan

Dengan teman

Kosakata

性格
Karakter

CD 09

優しいね。 *yasashī ne.*

Kamu baik, ya.
カム　バイッ（ク）　ヤ

英 You really have a big heart.

日本語が上手だね。 *nihongo ga jōzu dane.*

Bahasa Jepang kamu bagus.
バハサ　ジュパン　カム　バグス

英 You speak Japanese well.

魅力的だね。 *miryokuteki dane.*

Kamu menarik, ya...
カム　ムナリッ（ク）　ヤ

英 You are very attractive.

大人っぽいね。 *otonappoi ne.*

Seperti sudah de'wasa ya.
スプルティ　スダッ　デワサ　ヤ

英 You are very mature.

いい声してるね。 *ī koe shiteru ne.*

Suara yang bagus.
スアラ　ヤン　バグス

英 You have a nice voice.

出会い

♡ 相手をほめる

デート

恋人同士

結婚

トラブル

友達同士

単語集

頭の回転が早いんだね。 *atama no kaiten ga hayainda ne.*

イ Kamu mikirnya cepat, ya.
カム　ミキルニャ　チュパッ(ト)　ヤ

英 You are pretty sharp.

歌が上手いんだね。 *uta ga umainda ne.*

イ Kamu nyanyinya bagus.
カム　ニャニィニャ　バグス

英 You are a good singer.

物知りね。 *monoshiri ne.*

イ Kamu orangnya pintar.
カム　オランニャ　ピンタル

英 You are very knowledgeable.

あなたってすごく面白いのね。 *anatatte sugoku omoshiroi none.*

イ Kamu orangnya sangat menarik.
カム　オランニャ　サンガッ(ト)　ムナリッ(ク)

英 You are such a fun person to be with.

よく気が付くね。 *yoku ki ga tsuku ne.*

イ Kamu orangnya perhatian, ya.
カム　オランニャ　プルハティアン　ヤ

英 You are very attentive.

思いやりがあるね。 *omoiyari ga aru ne.*

イ Kamu orangnya bere'mpati.
カム　オランニャ　プルエムパティ

英 You are a very considerate person.

47

Waktu bertemu

♡Memuji lawan

Waktu kencan

Dengan pacar

Waktu menikah

Dalam kesulitan

Dangan teman

Kosakata

頼りがいがあるわね。 *tayorigai ga aru wane.*

イ Kamu bisa diandalkan.
カム　ビサ　ディアンダルカン
英 You are very reliable.

君って個性的だね。 *kimitte kosēteki dane.*

イ Kamu unik.
カム　ウニッ(ク)
英 You are very unique.

君って品があるよ。 *kimitte hin ga aru yo.*

イ Kamu anggun.
カム　アングン
英 You are very elegant.

あなたの話ってとっても楽しいわ。
anata no hanashitte tottemo tanoshī wa.

イ Saya senang dengar cerita kamu.
サヤ　スナン　ドゥンガル　チュリタ　カム
英 Your stories are a lot of fun to listen to.

そこが君のいいところだね。 *soko ga kimi no ītokoro dane.*

イ Di situ kehe'batan kamu.
ディ スィトゥ　クヘバタン　カム
英 That's a nice trait to have.

出会い

♡ 相手をほめる

デート

恋人同士

結婚

トラブル

友達同士

単語集

男と女の
実用コラム

宗教は生活の拠り所

　インドネシアはパンチャシラ（建国五原則）により無宗教の人というのは有り得ない国です。イスラム教徒が一番多く、他にもバリ・ヒンズー教、キリスト教、仏教、儒教を信仰する人々が暮らしています。

　イスラム教の人々は日々アラーの神に祈り、毎年ラマダンには断食を行います。バリ・ヒンズー教には多くの儀式があります。結婚式や削歯儀礼、葬式などの多くの通過儀礼をするためにお金を貯めなければなりません。その他にも日々のお供え、寺院のオダラン（創立祭）、バリの祝祭日への参加にも積極的です。バリの人々は享楽的なお金の使い方はしません。せっせと働いたお金を儀式のために使います。

　インドネシアでは宗教は生活の礎となる、非常に重要なものなのです。

Part 1 **出会い**
waktu bertemu

Waktu bertemu
♥ Mengenal lawan

Waktu kencan

Dengan pacar

Waktu menikah

Dalam kesulitan

Dangan teman

Kosakata

名前
Nama

CD
10

私の名前は「(名前)」。あなたは？

watashi no namae wa ( ). anata wa ?

イ Nama saya (nama). Anda ?
ナマ　　サヤ　　ナマ　　アンダ

英 My name is ( ). What is yours ?

僕のこと「(名前)」って呼んで。

boku no koto ( ) tte yonde.

イ Panggil saya (nama).
パンギル　サヤ　ナマ

英 Please call me ( ).

君の名前はなんて言うの？

kimi no namae wa nante iu no ?

イ Nama Anda siapa ?
ナマ　アンダ　スィアパ

英 What's your name ?

君の名前はどう書くの？

kimi no namae wa dō kaku no ?

イ Bagaimana cara menulis nama Anda ?
バガイマナ　チャラ　ムヌリス　ナマ　アンダ

英 How do I write your name ?

いい名前だね。

ī namae dane.

イ Nama yang bagus.
ナマ　ヤン　バグス

英 That's a nice name.

名前はどんな意味？ *namae wa don'na imi ?*

🇮🇩 **Apa arti namanya ?**
アパ　アルティ　　ナマニャ
🇬🇧 Is there any special meaning to your name ?

ニックネームはなんて言うの？ *nikkunēmu wa nante iu no ?*

🇮🇩 **Apa nama panggilannya ?**
アパ　　ナマ　　　　パンギランニャ
🇬🇧 Do you have a nick name ?

出会い
相手を知る
デート
恋人同士
結婚
トラブル
友達同士
単語集

男と女の 実用コラム

インドネシア人とのデートでの注意点

知り合ったばかりの時のデートは海辺や田園が定番ですが次第に仲が深くなってくるとラブホテル。インドネシア人の女性は、徐々に相手の事が分かってきて「この人となら」となれば手を握ったりキスをしたりと発展します。

デート中に例えふざけ合っていたとしても頭を叩くのはタブー。頭は最も神聖な身体の部位です。

インドネシアでは女性は結婚前に甘えられるだけ甘えたほうが良いと言われています。結婚後は甘えられなくなるから…優しかった男が豹変するのはよく聞く話です。

Part **1** 出会い
waktu bertemu

Waktu bertemu
♥Mengenal lawan

Waktu kencan

Dengan pacar

Waktu menikah

Dalam kesulitan

Dangan teman

Kosakata

住所
Alamat

CD **11**

どこに住んでるの？

doko ni sunderu no ?

🇮🇩 **Tinggal di mana ?**
ティンガル　ディ　マナ

🇬🇧 Where do you live ?

手紙出すから住所教えてくれる？

tegami dasu kara jūsho oshiete kureru ?

🇮🇩 **Karena saya mau kirim surat,**
カルナ　　サヤ　　マウ　　キリム　スラッ(ト)

kasih tahu alamat Anda, ya...
カスィッ　タウ　アラマッ(ト)　アンダ　　ヤ

🇬🇧 Can you give me your address so that I can write you ?

どこから来たの？

doko kara kita no ?

🇮🇩 **Datang dari mana ?**
ダタン　　　ダリ　　マナ

🇬🇧 Where are you from ?

君の住んでる町はどんなところ？

kimi no sunderu machi wa don'na tokoro ?

🇮🇩 **Kota tempat tinggal Anda seperti apa ?**
コタ　トゥンパッ(ト) ティンガル　　アンダ　　スプルティ　アパ

🇬🇧 What's your (city / town) like ?

一人で暮らしてるの？

hitori de kurashiteru no ?

📩 **Tinggal sendiri ?**
ティンガル　スンディリ
英 Do you live alone ?

どこのホテルに泊まってるの？

doko no hoteru ni tomatteru no ?

📩 **Menginap di hote'l yang mana ?**
ムンギナッ（プ）　ディ　ホテル　ヤン　マナ
英 Which hotel are you staying at ?

君の家はここから近いの？

kimi no ie wa koko kara chikai no ?

📩 **Rumah Anda dekat dari sini ?**
ルマッ　アンダ　ドゥカッ（ト）　ダリ　スィニ
英 Do you live close by ?

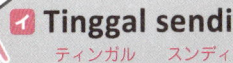

男と女の実用コラム

インドネシアのバレンタイン

　バレンタインを楽しむ習慣はあまりありません。キリスト教徒の他、若い世代やジブロなどは行いますが、日本のように女性が男性にチョコレートを贈る訳ではありません。男女共にチョコレートやバラの花を贈り合ったり、家族に日頃の感謝を込めてプレゼントしたりといった具合です。

　日本のように宗教を越えたイベントとはなっていないので反対する人もいるため、少し注意が必要です。

出会い
相手を知る

デート
恋人同士
結婚
トラブル
友達同士
単語集

Waktu bertemu

♥Mengenal lawan

Waktu kencan

Dengan pacar

Waktu menikah

Dalam kesulitan

Dangan teman

Kosakata

電話番号
Nomer te'lpon

CD 12

君に連絡がしたいんだ。 *kimi ni renraku ga shitainda.*

🇮🇩 **Saya mau hubungin Anda.**
サヤ　　マウ　　フブンギン　　アンダ

🇬🇧 I'd like to get in touch with you.

電話番号教えて！ *denwabangō oshiete !*

🇮🇩 **Kasih tahu nomer te'lponnya.**
カスィッ　タウ　　ノムル　　テルポンニャ

🇬🇧 May I have your phone number ?

電話かけてもいい？ *denwa kaketemo ī ?*

🇮🇩 **Bole'h saya te'lpon ?**
ボレッ　　サヤ　　テルポン

🇬🇧 Can I call you sometime ?

本当に電話くれるの？ *hontō ni denwa kureru no ?*

🇮🇩 **Benar akan te'lpon saya ?**
ブナル　　アカン　テルポン　　サヤ

🇬🇧 Will you really call me ?

私に電話してきてね。 *watashi ni denwa shitekite ne.*

🇮🇩 **Te'lpon saya, ya.**
テルポン　　サヤ　　ヤ

🇬🇧 Give me a call.

必ず電話するよ。 *kanarazu denwa suru yo.*

Pasti akan saya te'lpon.
パスティ　アカン　サヤ　テルポン

英 I promise to give you a call.

必ず電話ちょうだいね。 *kanarazu denwa chōdai ne.*

Pasti te'lpon saya, ya.
パスティ　テルポン　サヤ　ヤ

英 Promise that you'll call me.

電話待ってるね。 *denwa matteru ne.*

Aku tunggu te'lponmu ya.
アク　トゥング　テルポンム　ヤ

英 I'll be waiting for your call.

連絡先を教えて。 *renrakusaki o oshiete.*

Kasih tahu kontak Anda.
カスィッ　タウ　コンタッ(ク)　アンダ

英 Can you tell me how I can contact you ?

いつかけたらいい？ *itsu kaketara ī ?*

Kalau mau te'lpon, bagusnya jam berapa ?
カラウ　マウ　テルポン　バグスニャ　ジャム　ブラパ

英 When can I call you ?

メルアド教えてくれるかな？ *meruado oshiete kureru kana ?*

Bole'h minta alamat e-mail gak ?
ボレッ　ミンタ　アラマッ(ト)　イメル　ガッ(ク)

英 May I have your e-mail address ?

デート
恋人同士
結婚
トラブル
友達同士
単語集

Waktu bertemu

♥Mengenal lawan

Waktu kencan

Dengan pacar

Waktu menikah

Dalam kesulitan

Dangan teman

Kosakata

携帯電話持ってる？   *kētaidenwa motteru ?*

イ Punya hp ?
　 プニャ　　ハペ

英 Do you have a cell phone ?

どうやって連絡取ったらいい？   *dōyatte renraku tottara ī ?*

イ Bagaimana caranya kalau mau menghubungi ?
　バガイマナ　　チャラニャ　　カラウ　　マウ　　　ムンフブンギ

英 What's the best way to contact you ?

男と女の実用コラム

コミュニケーションにかかるお金

葉書は１，０００ルピアと言われたり、４，０００ルピアと言われたり。封書は最低で４，０００ルピアとか８，０００ルピア、１０，０００ルピア。人によって言う事が違います。それだけではなく郵便物が届いたり届かなかったり。バリ島ならデンパサールの中央郵便局が一番安全なのだとか。場所によっては中を抜かれてしまう事も多く、日本とはずいぶん事情が異なりますので封書を送る場合は覚悟のほどを。

インドネシアでも携帯電話やスマホが普及していて、その多くがプリペイド方式ですが安い訳ではありません。

カップルならお金を持っている方が通信費用を出す事になるでしょう。

mini インドネシア語講座 CD 52

時間

日本			インドネシア	
午前	0時	マラム	Jam 12 malam	ジャム ドゥアプラス マラム
	1時		Jam 1 malam	ジャム サトゥ マラム
	2時		Jam 2 malam	ジャム ドゥア マラム
	3時		Jam 3 malam	ジャム ティガ マラム
	4時	パギ	Jam 4 pagi	ジャム ゥンパッ(ト) パギ
	5時		Jam 5 pagi	ジャム リマ パギ
	6時		Jam 6 pagi	ジャム ゥナム パギ
	7時		Jam 7 pagi	ジャム トゥジュッ パギ
	8時		Jam 8 pagi	ジャム ドゥラパン パギ
	9時		Jam 9 pagi	ジャム スンビラン パギ
	10時		Jam 10 pagi	ジャム スプルッ パギ
	11時	スィアン	Jam 11 siang	ジャム スブラス スィアン
午後	12時		Jam 12 siang	ジャム ドゥアプラス スィアン
	1時		Jam 1 siang	ジャム サトゥ スィアン
	2時		Jam 2 siang	ジャム ドゥア スィアン
	3時		Jam 3 siang	ジャム ティガ スィアン
	4時	ソレ	Jam 4 sore'	ジャム ゥンパッ(ト) ソレ
	5時		Jam 5 sore'	ジャム リマ ソレ
	6時		Jam 6 sore'	ジャム ゥナム ソレ
	7時	マラム	Jam 7 malam	ジャム トゥジュッ マラム
	8時		Jam 8 malam	ジャム ドゥラパン マラム
	9時		Jam 9 malam	ジャム スンビラン マラム
	10時		Jam 10 malam	ジャム スプルッ マラム
	11時		Jam 11 malam	ジャム スブラス マラム

出会い

♡相手を知る

デート

恋人同士

結婚

トラブル

友達同士

単語集

Waktu bertemu
♥Mengenal lawan

Waktu kencan

Dengan pacar

Waktu menikah

Dalam kesulitan

Dangan teman

Kosakata

仕事
Pekerjaan

CD 13

仕事は忙しいの？
shigoto wa isogashī no ?

🇮🇩 **Kerjanya sibuk ?**
クルジャニャ　スィブッ(ク)

🇬🇧 Is your work busy ?

仕事は何してるの？
shigoto wa nani shiteru no ?

🇮🇩 **Apa pekerjaannya ?**
アパ　　　プクルジャアンニャ

🇬🇧 What kind of job do you have ?

どこで働いてるの？
doko de hataraiteru no ?

🇮🇩 **Kerja di mana ?**
クルジャ　ディ　マナ

🇬🇧 Where are you working ?

何年働いてるの？
nan'nen hataraiteru no ?

🇮🇩 **Sudah berapa tahun bekerja ?**
スダッ　　ブラパ　　タフン　　ブクルジャ

🇬🇧 How long have you been working there ?

お給料はいいの？
okyūryō wa ī no ?

🇮🇩 **Gajinya bagus ?**
ガジニャ　　バグス

🇬🇧 Does it pay well ?

休みはいつ？ *yasumi wa itsu ?*

イ Kapan liburnya ?
カパン　　リブルニャ

英 What days do you get off ?

他にどんな仕事したことあるの？ *hoka ni don'na shigoto shita koto aru no ?*

イ Lainnya, pernah kerja apa lagi ?
ラインニャ　　ブルナッ　クルジャ　アパ　ラギ

英 What other jobs have you had so far ?

将来は何になりたいの？ *shōrai wa nani ni naritai no ?*

イ Cita-citanya mau jadi apa ?
チタ･チタニャ　　マウ　ジャディ　アパ

英 What would you like to do in the future ?

そんなに稼いでどうするの？ *son'na ni kasēde dō suru no ?*

イ Gaji sebanyak itu buat apa ?
ガジ　　スバニャッ(ク)　イトゥ　ブアッ(ト)　アパ

英 So what do you do with all the money you make ?

出会い

♡相手を知る

デート

恋人同士

結婚

トラブル

友達同士

単語集

Waktu bertemu
♥Mengenal lawan

Waktu kencan

Dengan pacar

Waktu menikah

Dalam kesulitan

Dangan teman

Kosakata

プライベート
Pribadi

CD 14

趣味は何？   *shumi wa nani ?*

🇮🇩 **Hobinya apa ?**
ホビニャ　　アパ

🇬🇧 What kind of hobbies do you have ?

好みのタイプを教えて。   *konomi no taipu o oshiete.*

🇮🇩 **Tipe sele'ra kamu seperti apa ?**
ティプゥ　スレラ　　カム　　スプルティ　アパ

🇬🇧 So what do you look for in a (man / woman) ?

僕みたいな男どう？   *boku mitaina otoko dō ?*

🇮🇩 **Laki-laki seperti saya bagaimana ?**
ラキ・ラキ　　スプルティ　サヤ　　バガイマナ

🇬🇧 How about a man like me ?

誕生日はいつ？   *tanjōbi wa itsu ?*

🇮🇩 **Kapan ulang tahunnya ?**
カパン　　ウラン　　タフンニャ

🇬🇧 When's your birthday ?

年はいくつ？   *toshi wa ikutsu ?*

🇮🇩 **Umurnya berapa ?**
ウムルニャ　　ブラパ

🇬🇧 How old are you ?

恋人はいるの？ *koibito wa iru no ?*

🔴 **Sudah punya pacar ?**
スダッ　ブニャ　パチャル

🔵 Do you have a (boyfriend / girlfriend) ?

兄弟は何人いるの？ *kyōdai wa nan'nin iru no ?*

🔴 **Berapa bersaudara ?**
ブラパ　ブルサウダラ

🔵 How many brothers do you have ?

将来の夢は？ *shōrai no yume wa ?*

🔴 **Apa cita-cita masa depan kamu ?**
アパ　チタ‐チタ　マサ　ドゥパン　カム

🔵 What are your dreams for the future ?

休みの日は何してる？ *yasumi no hi wa nani shiteru ?*

🔴 **Kalau libur biasanya ngapain ?**
カラウ　リブル　ビアサニャ　ンガパイン

🔵 What do you do on your days off ?

結婚してるの？ *kekkon shiteru no ?*

🔴 **Sudah menikah ?**
スダッ　ムニカッ

🔵 Are you married ?

独身なの？ *dokushin nano ?*

🔴 **Belum menikah ?**
ブルム　ムニカッ

🔵 Are you single ?

出会い

♡相手を知る

デート

恋人同士

結婚

トラブル

友達同士

単語集

61

Waktu bertemu

♥**Mengenal lawan**

Waktu kencan

Dengan pacar

Waktu menikah

Dalam kesulitan

Dengan teman

Kosakata

子どもいるの？   *kodomo iru no ?*

イ **Punya anak ?**
プニャ　アナッ(ク)

英 Do you have children ?

モテるんだろうね。   *moterundarō ne.*

イ **Pasti kamu banyak yang suka ya.**
パスティ　カム　バニャッ(ク)　ヤン　スカ　ヤ

英 You must be popular.

男と女の 実用コラム

椰子のお酒「アラック」

　椰子からできる蒸留酒を「アラック」と呼びます。アラックにパームシュガーやライム、ソーダを入れて飲むカクテル「カイピロチカ」は口当たりが良いのでついつい２杯、３杯と飲んでしまうのですが、気分良く何杯も飲んでいるとやがて腰が砕け立てなくなるという噂があります。もっとも実際にその現場は見た事がありませんが。

　確かにアルコール度は高く、中には３０〜４０％というものもあります。こういう強い酒だと知っていながら面白がって飲ませる男もいるので、ご用心。

出会い

♡ 相手を知る

デート

恋人同士

結婚

トラブル

友達同士

単語集

男と女の実用コラム

インドネシア人女性へのプレゼント

　化粧品が断然トップ。月々の給料から化粧品代を出すのは大変だと知人の女性がこぼしていました。それでも購入するのは、いつも綺麗でありたいという万国共通の女性の思いからでしょう。特に髪はいつも整えます。しかしそれは髪の毛を盗まれる事を防ぐためでもあります。気を付けないとインドネシア版ストーカーが好きな人の髪の毛を持って黒魔術師の所に行き、自分を好きになるよう呪いをかけてもらうのだとか。

　他には時計、香水、部屋に置く飾り物、Ｔシャツやポロシャツなどが好まれます。

Waktu bertemu

♥ Menyampaikan perasaan

Waktu kencan

Dengan pacar

Waktu menikah

Dalam kesulitan

Dangan teman

Kosakata

気持ちを伝える
Menyampaikan perasaan

CD 15

僕達、気が合うね。 *bokutachi, ki ga au ne.*

🇮🇩 **Kita berdua, serasi ya.**
キタ　　プルドゥア　　スラスィ　ヤ

🇬🇧 I think we get along really well.

あなたといると楽しいわ。 *anata to iruto tanoshī wa.*

🇮🇩 **Saya senang ada bersama kamu.**
サヤ　　スナン　　アダ　　プルサマ　　カム

🇬🇧 You are a fun person to be with.

俺に興味があるんじゃないの？ *ore ni kyōmi ga arunjanai no ?*

🇮🇩 **Kamu tertarik sama saya ?**
カム　　トゥルタリッ(ク)　サマ　　サヤ

🇬🇧 Are you intrested in me ?

あなたも私に興味があるでしょう？ *anata mo watashi ni kyōmi ga aru deshō ?*

🇮🇩 **Kamu juga tertarik sama saya kan ?**
カム　　ジュガ　トゥルタリッ(ク)　サマ　　サヤ　　カン

🇬🇧 Are you interested in me as well ?

僕達もう恋愛してるって言ってもいいよね。 *bokutachi mō ren'ai shiterutte ittemo ī yone.*

🇮🇩 **Kita sudah bisa dibilang pacaran ya.**
キタ　　スダッ　　ビサ　　ディビラン　　パチャラン　　ヤ

🇬🇧 I think we are already in love.

どうかしら？ *dō kashira ?*

イ Bagaimana, ya ?
バガイマナ　　　ヤ

英 Do you really think so ?

あなたの前だと素直になれるの。 *anata no mae dato sunao ni nareru no.*

イ Di depan kamu, saya terbuka.
ディ　ドゥパン　　カム　　　サヤ　　トゥルブカ

英 I feel I can be honest about my feelings with you.

出会ったばかりとは思えないぐらい心を許してるよ。 *deatta bakari towa omoenai gurai kokoro o yurushiteru yo.*

イ Saya merasa nyaman dan tidak mengira
サヤ　　　ムラサ　　　ニャマン　　ダン　ティダ　　ムンギラ

bahwa kita baru saja saling mengenal.
バッワ　キタ　　バル　サジャ　サリン　　　ムングナル

英 I feel really comfortable with you.It feels like I've known you for my whole life.

君に一目ボレしてしまったよ。 *kimi ni hitomebore shite shimatta yo.*

イ Saya terlanjur jatuh cinta pada pandangan
サヤ　　トゥルランジュル ジャトゥッ　チンタ　　パダ　　　パンダンガン

yang pertama.
ヤン　　　プルタマ

英 It was love at first sight.

僕達、きっと上手くいくよ。 *bokutachi, kitto umaku iku yo.*

イ Hubungan kita pasti bisa awet.
フブンガン　　キタ　　パスティ　ビサ　アウェッ(ト)

英 I think our relationship will be a long-lasting one.

出会い
♡気持ちを伝える

デート

恋人同士

結婚

トラブル

友達同士

単語集

Waktu bertemu

Waktu kencan

Dengan pacar

Waktu menikah

Dalam kesulitan

Dangan teman

Kosakata

♥ Menyampaikan perasaan

君に興味が湧いてきたよ。　*kimi ni kyōmi ga waitekita yo.*

✓ **Saya jadi tertarik sama kamu.**
サヤ　ジャディ トゥルタリッ(ク)　サマ　　カム

英 I'd like to know more about you.

しばらく君のことが忘れられないんだ。
shibaraku kimi no koto ga wasurerarenainda.

✓ **Sementara ini saya tidak akan lupa**
スムンタラ　　イニ　サヤ　ティダ　アカン　ルパ

tentang kamu.
トゥンタン　　カム

英 I can't stop thinking about you.

君とはずっと前から知り合いだった気がするな。
kimi towa zutto mae kara shiriai datta ki ga suru na.

✓ **Saya merasa kenal kamu sejak lama.**
サヤ　　ムラサ　　クナル　　カム　スジャッ(ク)　ラマ

英 I feel like I've known you all my life.

Part 2

デート

- 仲良くなる
- 想いを伝える
- 再会の約束

誘う
Mengajak pergi

CD 16

今度デートしようよ。　*kondo dēto shiyō yo.*

🇮🇩 **Lain kali kita pergi berkencan, ya...**
　ライン　カリ　キタ　プルギ　プルクンチャン　ヤ
🇬🇧 Would you like to go out with me sometime ?

いいわよ。喜んで。　*ī wayo. yorokonde.*

🇮🇩 **Bole'h. Dengan senang hati.**
　ボレッ　ドゥンガン　スナン　ハティ
🇬🇧 Sure. I'd love to.

あなたの事とてもいい友達だと思ってる。
anata no koto totemo ī tomodachi dato omotteru.

🇮🇩 **Saya pikir kamu benar-benar teman baik saya.**
　サヤ　ピキル　カム　ブナル・ブナル　トゥマン　バイッ(ク)　サヤ
🇬🇧 I feel you are a really good friend.

今度の日曜日って空いてる？　*kondo no nichiyōbitte aiteru ?*

🇮🇩 **Hari minggu kamu ada acara ?**
　ハリ　ミング　カム　アダ　アチャラ
🇬🇧 Are you free at all this Sunday ?

デートしてくれるの？　*dēto shite kureru no ?*

🇮🇩 **Mau ngajak saya berkencan ?**
　マウ　ンガジャッ(ク)　サヤ　プルクンチャン
🇬🇧 Are you asking me out on a date ?

Waktu bertemu

♥Menjadi akrab ｜ Waktu kencan

Dengan pacar

Waktu menikah

Dalam kesulitan

Dangan teman

Kosakata

68

ごめんなさい。先約があるの。 *gomen'nasai. sen'yaku ga aru no.*

イ **Maaf. Saya sudah punya janji.**
マアフ　サヤ　スダッ　プニャ　ジャンジ

英 Sorry. I already have plans.

一緒に「（場所）」へ行かない？ *issho ni (　) e ikanai ?*

イ **Kamu mau gak pergi bersama ke (tempat) ?**
カム　マウ　ガッ(ク)　ブルギ　ブルサマ　ク　トゥンパッ(ト)

英 Would you like to go to (　) with me ?

今度の休み、何しようかな？ *kondo no yasumi, nani shiyō kana ?*

イ **Liburan yang akan datang, ngapain ya ?**
リブラン　ヤン　アカン　ダタン　ンガパイン　ヤ

英 So what should we do for our next day off ?

ぜひ君に見せたいな。 *zehi kimi ni misetai na.*

イ **Saya ingin tunjukkan sesuatu ke kamu.**
サヤ　インギン　トゥンジュッカン　ススアトゥ　ク　カム

英 I'd love to show something to you.

今度二人っきりで会いたいな。 *kondo futarikkiri de aitai na.*

イ **Lain kali, saya ingln ketemu berdua saja**
ライン　カリ　サヤ　インギン　クトゥム　ブルドゥア　サジャ

dengan kamu.
ドゥンガン　カム

英 I'd like to be with you alone next time.

出会い

♡仲良くなる　デート

恋人同士

結婚

トラブル

友達同士

単語集

Waktu bertemu

Waktu kencan

♡Menjadi akrab

Dengan pacar

Waktu menikah

Dalam kesulitan

Dangan teman

Kosakata

もっとゆっくり話がしたいな。

motto yukkuri hanashi ga shitai na.

イ Saya ingin berbicara banyak sama kamu.

サヤ　インギン　ブルビチャラ　バニャッ(ク)　サマ　カム

英 I'd like to talk to you more.

今度案内してほしいな。

kondo an'nai shite hoshī na.

イ Lain kali, saya dianterin ya.

ライン　カリ　サヤ　ディアントゥリン　ヤ

英 I'd like for you to show me around next time.

楽しい所に行きたいな。

tanoshī tokoro ni ikitai na.

イ Saya ingin ke tempat yang menyenangkan.

サヤ　インギン　ク　トゥンパッ(ト)　ヤン　ムニュナンカン

英 I want to go somewhere fun.

いつなら都合いい？

itsu nara tsugō ī ?

イ Baiknya kapan ?

バイッ(ク)ニャ　カパン

英 When's good for you ?

出会い

♡仲良くなる　デート

恋人同士

結婚

トラブル

友達同士

単語集

男と女の
実用コラム

何か起こったら

　例えば、あなたが道を歩いているとバイクでやって来た男が持っていたバッグをひったくったとします。そんな時は次の言葉を大声で繰り返すのが一番です。

「トロン！（助けて）」
「プンチュリ！（泥棒）」

　叫びながら追いかけて走ってください。すると人が集まってきて，そのバイクの男を追いかけてくれるとか、とにかく手助けをしてくれます。

　捕まった男は袋だたきにされるので、泥棒も命懸けです。村に侵入して豚でも盗もうものなら半殺しか、下手をすれば警察が来る前に殺されてしまうほどです。逆に言えばインドネシアは意外と安全な所でもあるという事でしょうか…？

返事
Jawaban

CD 17

Waktu bertemu
Waktu kencan ♡Menjadi akrab
Dengan pacar
Waktu menikah
Dalam kesulitan
Dangan teman
Kosakata

迎えに来てくれるの？

mukae ni kite kureru no ?

イ Kamu akan jemput saya ?
カム　アカン　ジュムプッ(ト)　サヤ

英 Are you going to pick me up ?

うれしいわ。

ureshī wa.

イ Senang.
スナン

英 I'm glad.

楽しみにしてるわ。

tanoshimi ni shiteru wa.

イ Saya menunggu dengan senang hati.
サヤ　　　ムヌング　　　ドゥンガン　　スナン　　　ハティ

英 I'm looking forward to it.

何時に待ち合わせする？

nanji ni machiawase suru ?

イ Jam berapa kita akan bertemu ?
ジャム　　ブラパ　　キタ　　アカン　　ブルトゥム

英 What time shall we meet ?

どこで待ち合わせする？

doko de machiawase suru ?

イ Di mana kita akan bertemu ?
ディ　マナ　　キタ　　アカン　　ブルトゥム

英 Where shall we meet ?

喜んで。 *yorokonde.*

イ Dengan senang hati.
ドゥンガン　　スナン　　ハティ

英 Sure.

ちょうど行きたかったところなの。 *chōdo ikitakatta tokoro nano.*

イ Baru saja saya mau pergi kesana.
バル　サジャ　サヤ　マウ　　ブルギ　　クサナ

英 I was just thinking of the same place.

いつ誘ってもらえるか、ずっと待っていたのよ。 *itsu sasotte moraeru ka, zutto matteita noyo.*

イ Kapan mau ngajak saya lagi,
カパン　　マウ　ンガジャッ(ク)　サヤ　　ラギ

saya tunggu dengan senang hati.
サヤ　　トゥング　　ドゥンガン　　スナン　　ハティ

英 I was waiting for you to ask me out.

どっちでもいいわよ。 *docchi demo ī wayo.*

イ Yang mana aja juga bole'h.
ヤン　　マナ　アジャ　ジュガ　　ボレッ

英 Either way is fine.

その日は用事があるの。 *sonohi wa yōji ga aru no.*

イ Saya ada urusan hari itu.
サヤ　アダ　　ウルサン　　ハリ　イトゥ

英 I've got plans that day.

出会い

デート

♡仲良くなる

恋人同士

結婚

トラブル

友達同士

単語集

Waktu bertemu

Waktu kencan

Dengan pacar

Waktu menikah

Dalam kesulitan

Dangan teman

Kosakata

♡Menjadi akrab

Part 2 デート
waktu kencan

「(具体的な名称)」には興味がないの。 ( ) niwa kyōmi ga nai no.

🇮🇩 **Saya tidak tertarik dengan (nama tempat).**
サヤ　ティダ　トゥルタリッ(ク)　ドゥンガン　ナマ　トゥンパッ(ト)

🇬🇧 I'm not interested in ( ).

他に用事があって行けないわ。 hoka ni yōji ga atte ikenai wa.

🇮🇩 **Saya tidak bisa pergi karena ada urusan yang lain.**
サヤ　ティダ　ビサ　プルギ　カルナ　アダ　ウルサン
ヤン　ライン

🇬🇧 I won't be able to go because I have something else planned.

一度行ったことがあるから、もういいわ。 ichido itta koto ga arukara, mō ī wa.

🇮🇩 **Tidak usah, karena saya sudah pernah pergi sekali.**
ティダ　ウサッ　カルナ　サヤ　スダッ　プルナッ
プルギ　スカリ

🇬🇧 I've been there before, and I'm not sure I want to there again.

今日は彼氏とデートなの。 kyō wa kareshi to dēto nano.

🇮🇩 **Hari ini pergi kencan dengan pacar.**
ハリ　イニ　プルギ　クンチャン　ドゥンガン　パチャル

🇬🇧 I'm going out with my boyfriend today.

学校に行かなくちゃいけないの。 gakkō ni ikanakucha ikenai no.

🇮🇩 **Saya harus pergi ke sekolah.**
サヤ　ハルス　プルギ　ク　スコラッ

🇬🇧 I have to go to class.

私、門限が10時なの。ごめんね。
watashi, mongen ga jūji nano. gomen ne.

イ Batas waktu saya ke luar malam,
バタス　ワクトゥ　サヤ　ク　ルアル　マラム

hanya sampai jam 10. Maaf ya.
ハニャ　サムパイ　ジャム スプルッ マアフ　ヤ

英 Sorry, but I have to be back by 10 o'clock.

終電に間に合わないから、もう帰るね。
shūden ni maniawanai kara, mō kaeru ne.

イ Saya mau pulang, karena kere'ta terakhir
サヤ　マウ　プラン　カルナ　クレタ　トゥルアクヒル

sudah tidak ada lagi.
スダッ　ティダ　アダ　ラギ

英 I have to go. Otherwise, I'll miss the last train.

私、そんな軽い女じゃないわ。
watashi, son'na karui on'na janai wa.

イ Saya bukan perempuan murahan.
サヤ　ブカン　プルムプアン　ムラハン

英 I'm not that easy.

考えさせて。また連絡するわ。
kangae sasete. mata renraku suru wa.

イ Beri saya waktu untuk berpikir.
プリ　サヤ　ワクトゥ　ウントゥッ(ク)　プルピキル

Saya akan hubungi kamu, sampai nanti.
サヤ　アカン　フブンギ　カム　サムパイ　ナンティ

英 I'll think about it and call you.

結婚してるの。
kekkon shiteru no.

イ Saya sudah menikah.
サヤ　スダッ　ムニカッ

英 I'm married.

Waktu bertemu

Waktu kencan ♥Menjadi akrab

Dengan pacar

Waktu menikah

Dalam kesulitan

Dangan teman

Kosakata

また今度ね。　　　　　　　　　　　　*mata kondo ne.*

☑ **Sampai ketemu lagi.**
　　サムパイ　　クトゥム　　ラギ
英 Until next time.

今は分からない。　　　　　　　　　　*ima wa wakaranai.*

☑ **Sekarang saya tidak tahu.**
　　スカラン　　　サヤ　ティダ　タウ
英 I don't know yet.

忙しいから。　　　　　　　　　　　　*isogashī kara.*

☑ **Saya sibuk.**
　　サヤ　スィブッ(ク)
英 I'm busy.

お金が無いよ。　　　　　　　　　　　*okane ga nai yo.*

☑ **Saya tidak punya uang.**
　　サヤ　　ティダ　　プニャ　　ウアン
英 I don't have much money.

風邪ひいてるの。　　　　　　　　　　*kaze hīteru no.*

☑ **Kena flu.**
　　クナ　　フル
英 I have a cold.

親が厳しいのよ。　　　　　　　　　　*oya ga kibishī noyo.*

☑ **Orang tua saya keras.**
　　オラン　トゥア　サヤ　クラス
英 My parents are strict.

時間が無いの。 *jikan ga nai no.*

✈ Sudah tidak ada waktu.
スダッ　ティダ　アダ　ワクトゥ
英 I don't have time.

もう行かなくちゃ。 *mō ikanakucha.*

✈ Saya harus pergi.
サヤ　ハルス　プルギ
英 I have to go now.

お酒飲めないの。 *osake nomenai no.*

✈ Saya tidak bisa minum alkohol.
サヤ　ティダ　ビサ　ミヌム　アルコール
英 I can't drink alcohol.

男と女の実用コラム

女性は H な話が好き

インドネシアの女性はセックスの話を平気でします。この手の話はタブーではありません。男性の前でも「あの子は毎日、それも２回も３回もやるんだからもうバテバテで今はそこで休んでいるわよ」などと言います。独身の女性も恥ずかしがる事なく話を聞いて笑っています。

南国の開放感がありますが、実際のセックスは家の中で息を殺し喘ぎ声も我慢して…という感じです。

出会い

♡デート
仲良くなる

恋人同士

結婚

トラブル

友達同士

単語集

待ち合わせで
Bertemu

CD 18

待った？ *matta ?*

🇮🇩 **Sudah lama nunggu ?**
スダッ　ラマ　ヌング

🇬🇧 Did I keep you waiting long ?

遅くなってごめんね。 *osokunatte gomen ne.*

🇮🇩 **Maaf terlambat.**
マアフ　トゥルラムパッ(ト)

🇬🇧 Sorry, I'm late.

会いたかった。 *aitakatta.*

🇮🇩 **Mau ketemu.**
マウ　クトゥム

🇬🇧 I wanted to see you.

お待たせ。 *omatase.*

🇮🇩 **Maaf sudah lama kamu menunggu, ya...**
マアフ　スダッ　ラマ　カム　ムヌング　ヤ

🇬🇧 Sorry to have kept you waiting.

緊張するなあ。 *kinchō suru nā.*

🇮🇩 **Saya sedikit gugup.**
サヤ　スディキッ(ト)　ググッ(プ)

🇬🇧 I'm a bit nervous.

Waktu bertemu

Waktu kencan
♥Menjadi akrab

Dengan pacar

Waktu menikah

Dalam kesulitan

Dengan teman

Kosakata

今日はいっぱい遊べるね。 *kyō wa ippai asoberu ne.*

Hari ini ada banyak waktu.
ハリ イニ アダ バニャッ(ク) ワクトゥ

英 We have a lot of time to have fun today.

今日の服装かっこいいね。 *kyō no fukusō kakkoī ne.*

Baju hari ini kere'n ya.
バジュ ハリ イニ クレン ヤ

英 Your clothes are cool today.

あなたに早く会いたくって急いで来たの。
anata ni hayaku aitakutte isoide kita no.

Saya ingin cepat ketemu kamu
サヤ インギン チュパッ(ト) クトゥム カム

jadi buru-buru ke sini.
ジャディ ブル - ブル ク スィニ

英 I ran here so that I could see you as soon as possible.

デート

♡仲良くなる

恋人同士

結婚

トラブル

友達同士

単語集

映画に
Nonton film di bioskop
CD 19

> 映画のチケットがあるんだけど行かない？
> *ēga no chiketto ga arundakedo ikanai ?*

Saya punya tike't untuk nonton film,
サヤ　ブニャ　ティケッ(ト) ウントゥッ(ク)　ノントン　フィルム

pergi bareng yuk ?
ブルギ　　バルン　　ユッ(ク)

英 I have movie tickets. Would you like to go with me ?

> ぜひ行きたいわ。
> *zehi ikitai wa.*

Tentu saja, saya ingin pergi.
トゥントゥ サジャ　サヤ　インギン　ブルギ

英 Sure, I'd love to go.

> もうその映画観ちゃったの。
> *mō sono ēga michatta no.*

Film itu sudah pernah saya tonton.
フィルム イトゥ　スダッ　　ブルナッ　サヤ　トントン

英 I've seen that movie.

> この映画観たいな。
> *kono ēga mitai na.*

Saya ingin nonton film ini.
サヤ　インギン　　ノントン　フィルム イニ

英 I want to see this movie.

私も観たいと思っていたの。 *watashi mo mitai to omotteita no.*

イ **Saya juga lagi mikir mau nonton film itu.**
サヤ　ジュガ　ラギ　ミキル　マウ　ノントン　フィルム イトゥ

英 Me too. I've been wanting to see it too.

今ブリッツメガプレックスで「(映画の題名)」やってるよ。 *ima burittsu megapurekkusu de ( ) yatteru yo.*

イ **Sekarang (nama film) sedang main**
スカラン　　　ナマ　フィルム　スダン　　マイン

di Blitz me'gaple'x.
ディ ブリッツ　メガプレックス

英 You can see ( ) in the Blitz megaplex now.

映画はよく観るの？ *ēga wa yoku miru no ?*

イ **Kamu sering nonton film ?**
カム　　スリン　　ノントン　フィルム

英 Do you go to the movies often ?

よかったら映画でも行かない？ *yokattara ēga demo ikanai?*

イ **Kalau tidak keberatan, ayo kita pergi nonton ?**
カラウ　ティダ　　クブラタン　アヨ　キタ　プルギ　ノントン

英 Would you like to go to see a movie ?

この映画の主人公よりもあなたの方がステキよ。 *kono ēga no shujinkō yorimo anata no hōga suteki yo.*

イ **Kamu lebih kere'n dari pada aktor di film ini.**
カム　ルゥビッ　クレン　　ダリ　パダ　アクトル ディ フィルム イニ

英 You are cooler than the main actor of that movie.

出会い

♡デート
♡仲良くなる

恋人同士

結婚

トラブル

友達同士

単語集

Waktu bertemu

Waktu kencan

♥Menjadi akrab

Dengan pacar

Waktu menikah

Dalam kesulitan

Dangan teman

Kosakata

この映画すごく観たかったの。 *kono ēga sugoku mitakatta no.*

イ Saya ingin sekali menonton film ini.
サヤ　インギン　スカリ　ムノントン　フィルム イニ

英 I really wanted to see this movie.

ラブストーリー大好きなの。 *rabusutōrī daisuki nano.*

イ Saya suka film tentang cinta.
サヤ　スカ　フィルム　トゥンタン　チンタ

英 I love love stories.

チケット代は僕が出すよ。 *chikettodai wa boku ga dasu yo.*

イ Biar saya yang bayarin tike'tnya.
ビアル　サヤ　ヤン　バヤリン　ティケッ(ト)ニャ

英 I'll buy you a ticket.

よく見るとこの主人公って君に似てるね。
yoku miru to kono shujinkōtte kimi ni niteru ne.

イ Kalau saya perhatikan aktris utamanya
カラウ　サヤ　ブルハティカン　アクトリス　ウタマニャ

mirip kamu.
ミリッ(プ)　カム

英 You look like the main actress in that movie.

薄暗い所で見る君もかわいいね。
usugurai tokoro de miru kimi mo kawaī ne.

イ Di tempat yang remangpun kamu kelihatan
ディ トゥンパッ(ト)　ヤン　ルマンブン　カム　クリハタン

manis.
マニス

英 The lighting may be dim, you still look very cute.

感動したね。 *kandō shita ne.*

イ **Mengesankan ya.**
ムングサンカン　　　　ヤ

英 It was impressive, wasn't it ?

思わず涙が出ちゃった。 *omowazu namida ga dechatta.*

イ **Tiba-tiba saja saya menangis.**
ティバ・ティバ　サジャ　サヤ　　ムナンギス

英 Tears came to my eyes.

つまんない映画だったね。 *tsuman'nai ēga datta ne.*

イ **Filmnya membosankan ya.**
フィルムニャ　　　　ムンボサンカン　　　　ヤ

英 That was a boring movie, wasn't it ?

今度この映画が観たいわ。 *kondo kono ēga ga mitai wa.*

イ **Lain kali saya ingin melihat film ini.**
ライン　カリ　サヤ　インギン　ムリハッ(ト) フィルム イニ

英 I want to see this movie next time.

私、「〈人の名前〉」の大ファンなの。 *watashi, ( ) no daifan nano.*

イ **Saya fansnya (nama orang).**
サヤ　ファンスニャ　　　ナマ　　オラン

英 I'm a big fan of ( ).

途中で寝ちゃったよ。 *tochū de nechatta yo.*

イ **Saya ketiduran di tengah film.**
サヤ　クティドゥラン　ディ　トゥンガッ フィルム

英 I fell asleep in the middle of the movie

出会い

♡ 仲良くなる　デート

恋人同士

結婚

トラブル

友達同士

単語集

食事に
Di tempat makan

CD 20

ランチでも一緒にどう？   *ranchi demo issho ni dō ?*

🇮🇩 **Bagaimana kalau kita makan siang bersama ?**
バガイマナ　カラウ　キタ　マカン　スィアン　ブルサマ

英 How about we have lunch together ?

食事に行かない？   *shokuji ni ikanai ?*

🇮🇩 **Tidak pergi makan ?**
ティダ　プルギ　マカン

英 Would you like to get something to eat ?

美味しい「（食べ物の名前）」が食べたいの。いい店知らない？   *oishī (　) ga tabetai no. ī mise shiranai ?*

🇮🇩 **Saya mau makan (nama makanan) yang**
サヤ　マウ　マカン　ナマ　マカナン　ヤン

e'nak. Tahu re'storan yang e'nak ?
エナッ(ク)　タウ　レストラン　ヤン　エナッ(ク)

英 I'd like to eat some delicious (　). Do you know a good place ?

すごくいい店があるんだ。   *sugoku ī mise ga arunda.*

🇮🇩 **Ada re'storan yang sangat bagus.**
アダ　レストラン　ヤン　サンガッ(ト)　バグス

英 I know a great restaurant.

Waktu bertemu / Waktu kencan ♡Menjadi akrab / Dengan pacar / Waktu menikah / Dalam kesulitan / Dangan teman / Kosakata

84

今度僕にごちそうさせて。 *kondo boku ni gochisō sasete.*

Lain kali, biar saya yang traktir.
ライン　カリ　ビアル　サヤ　ヤン　トラクティル
英 I'll treat you next time.

何食べたい？ *nani tabetai ?*

Mau makan apa ?
マウ　マカン　アパ
英 What do you feel like eating ?

あなたと同じものがいいわ。 *anata to onajimono ga ī wa.*

Saya mau makanan yang sama seperti kamu.
サヤ　マウ　マカナン　ヤン　サマ　スプルティ　カム
英 I'll have the same thing you're having.

あなたにお任せするわ。 *anata ni omakase suru wa.*

Terserah kamu aja...
トゥルスラッ　カム　アジャ
英 I'll leave it to you.

わぁ、これ美味しそうね。 *wā, kore oishisō ne.*

Ini kelihatannya e'nak, ya.
イニ　クリハタンニャ　エナッ（ク）　ヤ
英 This looks great.

乾杯！ *kampai !*

Cheers.
チールス
英 Cheers !

出会い

♡ 仲良くなる　デート

恋人同士

結婚

トラブル

友達同士

単語集

Waktu bertemu

Waktu kencan

♡Menjadi akrab

Dengan pacar

Waktu menikah

Dalam kesulitan

Dangan teman

Kosakata

どう？ 美味しい？   *dō ? oishī ?*

🇮🇩 **Bagaimana ? E'nak ?**
バガイマナ　　　エナッ(ク)

🇬🇧 How is it ? Good ?

雰囲気のいいお店ね。   *fun'iki no ī omise ne.*

🇮🇩 **Suasana re'storannya e'nak ya.**
スアサナ　　　レストランニャ　　エナッ(ク)　ヤ

🇬🇧 This is a nice restaurant with great atmosphere.

ここの店、美味いんだ。   *koko no mise, umainda.*

🇮🇩 **Rumah makan ini e'nak.**
ルマッ　　　マカン　　イニ　エナッ(ク)

🇬🇧 This restaurant serves great food.

男と女の実用コラム

インドネシア人との食事

　他の国の料理を食べるチャンスが少ない一般的なインドネシア人は、料理に対する好奇心があまりありません。

　デートでお寿司を食べに行っても恐る恐る。気を付けないと、わさびのような鼻にツンとくる香辛料はインドネシアにはないため、びっくりして二度と食べなくなってしまうでしょう。

　一緒にお寿司が食べたかったら、少しずつ慣れさせていく努力と根気が必要です。

ドライブに
Pergi naik mobil

CD 21

出会い

♡仲良くなる　デート

恋人同士

結婚

トラブル

友達同士

単語集

今度ドライブに行かない？　*kondo doraibu ni ikanai ?*

🇮🇩 **Lain kali kita jalan-jalan naik mobil yuk !**
ライン　カリ　キタ　ジャラン・ジャラン ナイッ(ク)　モビル　ユッ(ク)

英 Would you like to go for a drive sometime ?

この間、車買い換えたんだ。　*konoaida, kuruma kaikaetanda.*

🇮🇩 **Baru-baru ini, saya ganti mobil.**
バル - バル　イニ　サヤ　ガンティ　モビル

英 I just bought a new car.

遠出しようか？　*tōde shiyō ka ?*

🇮🇩 **Jalan-jalan yuk !**
ジャラン - ジャラン ユッ(ク)

英 Why don't we out go somewhere ?

君を助手席に乗せたいよ。　*kimi o joshuseki ni nosetai yo.*

🇮🇩 **Saya ingin kamu duduk di depan, di sebelah saya.**
サヤ　インギン　カム　ドゥドゥッ(ク) ディ ドゥパン　ディ　スブラッ　サヤ

英 I would enjoy having you sit in the front seat with me.

海沿いをドライブしようよ。　*umizoi o doraibu shiyō yo.*

🇮🇩 **Ayo kita jalan-jalan di sepanjang pantai.**
アヨ　キタ　ジャラン - ジャラン ディ　スパンジャン　　パンタイ

英 Let's take a drive along the ocean.

87

君とこうしてずっと走り続けていたいよ。

kimi to kōshite zutto hashiri tsuzukete itai yo.

🇮🇩 **Saya ingin terus jalan-jalan seperti ini sama**
サヤ　インギン　トゥルス　ジャラン・ジャラン　スプルティ　イニ　サマ

kamu.
カム

🇬🇧 I'd like to drive with you like this forever.

素敵！こんなきれいな夜景は初めて！

suteki ! kon'na kirēna yakē wa hajimete !

🇮🇩 **Indah! Ini pertama kalinya saya melihat**
インダッ　イニ　プルタマ　カリニャ　サヤ　ムリハッ(ト)

pemandangan malam yang seindah ini.
プマンダンガン　マラム　ヤン　スインダッ　イニ

🇬🇧 Wow！ I've never seen such a beautiful night view！

夜景が見たいね。

yakē ga mitai ne.

🇮🇩 **Saya ingin melihat pemandangan malam.**
サヤ　インギン　ムリハッ(ト)　プマンダンガン　マラム

🇬🇧 I'd like to get a good view of the night.

どこ行きたい？

doko ikitai ?

🇮🇩 **Mau pergi ke mana ?**
マウ　プルギ　ク　マナ

🇬🇧 Where would you like to go ?

あなたの行きたい所に。

anata no ikitai tokoro ni.

🇮🇩 **Ayo pergi ke tempat yang kamu ingin pergi.**
アヨ　プルギ　ク　トゥンパッ(ト)　ヤン　カム　インギン　プルギ

🇬🇧 Let's go wherever you want to go.

海が見たいね。 *umi ga mitai ne.*

🇮🇩 **Saya ingin lihat laut.**
サヤ　インギン リハッ(ト) ラウッ(ト)

🇬🇧 I want to see the ocean.

あそこ面白そうだよ。 *asoko omoshirosō dayo.*

🇮🇩 **Di sana sepertinya menarik.**
ディ　サナ　スプルティニャ　ムナリッ(ク)

🇬🇧 Over there looks interesting.

音楽聞く？ *ongaku kiku ?*

🇮🇩 **Mau dengar musik ?**
マウ　ドゥンガル　ムスィッ(ク)

🇬🇧 Would you like to listen to some music ?

風が気持ちいいね。 *kaze ga kimochi ī ne.*

🇮🇩 **Anginnya e'nak, ya.**
アンギンニャ　エナッ(ク)　ヤ

🇬🇧 The breeze is nice, isn't it ?

運転が上手ね。 *unten ga jōzu ne.*

🇮🇩 **Kamu pintar nyetIr juga ya.**
カム　ピンタル　ニュティル ジュガ　ヤ

🇬🇧 You're a good driver.

いつも女の子とドライブ？ *itsumo on'nanoko to doraibu ?*

🇮🇩 **Kamu selalu naik mobil bareng perempuan ?**
カム　スラル　ナイッ(ク)　モビル　バルン　プルンプアン

🇬🇧 Do you always take girls for drives ?

出会い

デート
❤仲良くなる

恋人同士

結婚

トラブル

友達同士

単語集

Waktu bertemu

♡Menjadi akrab · **Waktu kencan**

Dengan pacar

Waktu menikah

Dalam kesulitan

Dangan teman

Kosakata

ショッピングに
Berbelanja

CD 22

買い物に付き合ってくれない？　*kaimono ni tsukiatte kurenai ?*

イ Mau anter saya jalan-jalan tidak ?
マウ　アントゥル　サヤ　ジャラン・ジャラン　ティダ

英 Would you like to go shopping with me ?

それってどこに売ってるのかな？　*sorette doko ni utteru no kana ?*

イ Itu di jual di mana ya ?
イトゥ　ディ　ジュアル　ディ　マナ　ヤ

英 Where can I buy that ?

買い物下手なんだ。　*kaimono heta nanda.*

イ Kalau belanja saya tidak jago.
カラウ　ブランジャ　サヤ　ティダ　ジャゴ

英 I'm not a very good shopper.

なかなかいいのが見つからなくて。　*nakanaka īnoga mitsukaranakute.*

イ Saya tidak menemukan barang yang bagus.
サヤ　ティダ　ムヌムカン　バラン　ヤン　バグス

英 It was difficult to find something nice.

このお店素敵ね。　*kono omise suteki ne.*

イ Toko ini bagus ya.
トコ　イニ　バグス　ヤ

英 This is a nice (restaurant / shop).

これかわいいね。 *kore kawaī ne.*

イ Ini lucu ya.
イニ ルチュ ヤ
英 It's cute.

これ欲しいな。 *kore hoshī na.*

イ Saya mau yang ini.
サヤ マウ ヤン イニ
英 I want this.

これ買ってあげる。 *kore katte ageru.*

イ Ini, saya belikan buat kamu.
イニ サヤ ブリカン ブアッ(ト) カム
英 I'll buy this for you.

僕からのプレゼント。 *boku kara no purezento.*

イ Hadiah dari saya.
ハディアッ ダリ サヤ
英 This is my present to you.

ちょっと高いわね。 *chotto takai wane.*

イ Agak mahal ya.
アガッ マハル ヤ
英 This is a little expensive.

あなたにピッタリね。 *anata ni pittari ne.*

イ Ini pas buat kamu.
イニ パス ブアッ(ト) カム
英 This is perfect for you.

出会い

♡ 仲良くなる デート

恋人同士

結婚

トラブル

友達同士

単語集

Part 2 デート
waktu kencan

Waktu bertemu

♡Menjadi akrab

Waktu kencan

Dengan pacar

Waktu menikah

Dalam kesulitan

Dangan teman

Kosakata

> こっちの方がいいんじゃない？ *kocchi no hō ga īnjanai ?*

Yang ini lebih bagus, bukan ?
ヤン　イニ　ルゥビッ　バグス　　ブカン

英 Isn't this better ?

> 僕に似合ってる？ *boku ni niatteru ?*

Buat saya cocok ?
ブアッ(ト)　サヤ　チョチョッ(ク)

英 Does this look good on me ?

> ちょっとここに寄ってみない？ *chotto koko ni yotte minai ?*

Mau berhenti lihat sebentar di sini ?
マウ　　ブルフンティ　リハッ(ト)　　スブンタル　　ディ スィニ

英 Why don't we stop here ?

男と女の実用コラム

インドネシア人男性へのプレゼント

　日本の時計は値段に関わらず信頼されています。すぐに電池が無くなり壊れやすいインドネシアの時計より、丈夫で正確な日本の時計が良いとほとんどの人が考えているようです。香水、サイフ、服も人気があり、特に服は実用的で重宝されます。熱帯の国にも関わらず、意外にもネクタイやメッセージカードを女性から贈ると喜ばれるそうです。

屋外で
Di luar ruangan

CD
●
23

出会い

❤仲良くなる デート

恋人同士

結婚

トラブル

友達同士

単語集

あそこのベンチに座ろう。　*asoko no benchi ni suwarō.*

🇮🇩 **Ayo duduk di kursi itu.**
アヨ　ドゥドゥッ(ク)　ディ　クルスィ　イトゥ
英 Let's sit on the bench over there ?

今日は天気がいいわね。　*kyō wa tenki ga ī wane.*

🇮🇩 **Hari ini cuacanya bagus ya.**
ハリ　イニ　チュアチャニャ　バグス　ヤ
英 The weather is nice today.

昼間に会う君もかわいいね。　*hiruma ni au kimi mo kawaī ne.*

🇮🇩 **Di siang hari pun kamu juga manis, ya...**
ディ　スィアン　ハリ　プン　カム　ジュガ　マニス　ヤ
英 You look just as cute during the day.

写真撮ろうよ。　*shashin torō yo.*

🇮🇩 **Ayo ambil foto.**
アヨ　アムビル　フォト
英 Let's take a picture.

手つないでいい？　*te tsunaide ī ?*

🇮🇩 **Bole'h gande'ng tangan ?**
ボレッ　ガンデン　タンガン
英 May I hold your hand ?

好意
Rasa suka

CD 24

君のそばにいるとホッとするんだよ。
kimi no soba ni iru to hotto surunda yo.

Saya merasa tenang, berada di sebelah kamu.
サヤ　ムラサ　トゥナン　ブラダ　ディ　スブラッ　カム

英 I feel comfortable with you.

君といると時の経つのがあっという間だ。
kimi to iruto toki no tatsu noga atto iuma da.

Bila bersama dengan kamu,
ビラ　ブルサマ　ドゥンガン　カム

waktu rasanya cepat berlalu.
ワクトゥ　ラサニャ　チュバッ(ト)　ブルラル

英 Time flies when I'm with you.

今日はなんて素晴らしい日なんだ。
kyō wa nante subarashī hi nanda.

Hari ini hari yang cerah.
ハリ　イニ　ハリ　ヤン　チュラッ

英 What a wonderful day !

君と一緒にいると楽しいよ。 *kimi to issho ni iru to tanoshī yo.*

Saya senang berada bersama dengan kamu.
サヤ　スナン　ブラダ　ブルサマ　ドゥンガン　カム

英 It's fun to be with you.

Waktu bertemu

Waktu kencan

Menyampaikan pikiran

Dengan pacar

Waktu menikah

Dalam kesulitan

Dangan teman

Kosakata

こうして君とノンビリできて幸せだなぁ。

kōshite kimi to nombiri dekite shiawase danā.

イ Saya senang bisa bersantai dengan kamu.
サヤ　スナン　ビサ　ブルサンタイ　ドゥンガン　カム

英 I'm having such a fun and relaxing time with you.

今日のあなた、いつもよりイキイキしてるみたい。

kyō no anata, itsumo yori ikiiki shiteru mitai.

イ Hari ini kamu kelihatan lebih segar
ハリ　イニ　カム　クリハタン　ルゥビッ　スガル

dari pada biasanya.
ダリ　パダ　ビアサニャ

英 You look more lively than usual today.

今日は君の笑顔がたくさん見れて幸せだ。

kyō wa kimi no egao ga takusan mirete shiawase da.

イ Hari ini saya sangat bahagia karena bisa
ハリ　イニ　サヤ　サンガッ(ト)　バハギア　カルナ　ビサ

melihat banyak senyum kamu.
ムリハッ(ト)　バニャッ(ク)　スニュム　カム

英 It makes me happy to see you smiling so much today.

ここは僕が一番大切にしている場所で、
誰も連れて来たことがないんだよ。

koko wa boku ga ichiban taisetsu ni shiteiru basho de, dare mo tsurete kita koto ga nainda yo.

イ Saya belum pernah mengajak siapapun juga
サヤ　ブルム　ブルナッ　ムンガジャッ(ク)　スィアパブン　ジュガ

ke tempat yang saya anggap spe'sial ini.
ク　トゥンパッ(ト)　ヤン　サヤ　アンガッ(ブ)　スペシアル　イニ

英 This is my favorite place, and I've never taken anyone else here before.

出会い

デート ♡想いを伝える

恋人同士

結婚

トラブル

友達同士

単語集

Waktu bertemu

Waktu kencan

♥Menyampaikan pikiran

Dengan pacar

Waktu menikah

Dalam kesulitan

Dangan teman

Kosakata

一度ここに君を連れて来たかったんだ。

ichido koko ni kimi o tsurete kitakattanda.

イ **Saya sangat ingin mengajak kamu ke sini.**

サヤ　サンガッ(ト)　インギン　ムンガジャッ(ク)　カム　ク スィニ

英 I've always wanted to take you here.

君に出会えて僕はどんなに幸せだろう。

kimi ni deaete boku wa don'nani shiawase darō.

イ **Saya sangat bahagia bisa bertemu dengan kamu.**

サヤ　サンガッ(ト)　バハギア　ビサ　ブルトゥム　ドゥンガン　カム

英 I'm so happy to have met you !

運命だったのかな？　君と出会えたこと。

ummē datta no kana ? kimi to deaeta koto.

イ **Mungkin sudah takdir ? Bertemu dengan kamu.**

ムンキン　スダッ タクディル　ブルトゥム　ドゥンガン　カム

英 Is it destiny that we met each other ?

君とは運命を感じるよ。

kimi towa ummē o kanjiru yo.

イ **Dengan kamu saya bisa merasakan bila ini takdir.**

ドゥンガン　カム　サヤ　ビサ　ムラサカン　ビラ イニ タクディル

英 I feel destined to be with you.

もっと早く君と出会いたかったよ。

motto hayaku kimi to deaitakatta yo.

イ **Coba saya bisa bertemu dengan kamu lebih**

チョバ　サヤ　ビサ　ブルトゥム　ドゥンガン　カム　ルゥビッ

cepat lagi.

チュバッ(ト)　ラギ

英 I wish I could have met you earlier.

96

出会い

デート
♡想いを伝える

恋人同士

結婚

トラブル

友達同士

単語集

男と女の
実用コラム

インドネシア人から見た日本人の女の子

　インドネシア人男性から見れば、日本人の女の子は肌が白いので憧れの的です。それに少なくとも自分よりはお金持ちだと思っています。持っている物、着ている物、何もかもが違うためです。日本人をゲットすれば逆シンデレラストーリーと羨まれます。日本人の女の子は神秘的な物に弱いとインドネシア男性の間では有名です。

　インドネシア人女性は日本人の女の子のような色の肌になりたいとため息をつきながら思っています。色が白いとはいっても、西洋人のような肌の色とは違うのです。

Waktu bertemu

Waktu kencan

♥ Menyampaikan pikiran

Dengan pacar

Waktu menikah

Dalam kesulitan

Dangan teman

Kosakata

お礼
Ungkapan terima kasih

CD 25

ありがとう。
arigatō.

🇮🇩 **Terima kasih.**
トゥリマ　カスィッ

🇬🇧 Thank you.

ごちそうさまでした。
gochisōsama deshita.

🇮🇩 **Terima kasih atas makanannya.**
トゥリマ　カスィッ　アタス　　マカナンニャ

🇬🇧 Thank you for treating me.

今日はありがとう。
kyō wa arigatō.

🇮🇩 **Terima kasih untuk hari ini.**
トゥリマ　カスィッ　ウントゥッ(ク)　ハリ　イニ

🇬🇧 Thank you for the wonderful time.

とっても楽しかった。
tottemo tanoshikatta.

🇮🇩 **Saya sangat senang.**
サヤ　サンガッ(ト)　スナン

🇬🇧 I really had a good time.

今日は仕事の疲れが全部取れたよ。
kyō wa shigoto no tsukare ga zembu toreta yo.

🇮🇩 **Rasa capai hari ini semuanya sudah hilang.**
ラサ　チャパイ　ハリ　イニ　スムアニャ　スダッ　ヒラン

🇬🇧 All my stress from work went away today.

君と過ごせて楽しかったよ。 *kimi to sugosete tanoshikatta yo.*

☑ **Terima kasih saya senang bisa**
トゥリマ　カスィッ　サヤ　スナン　ビサ

menghabiskan waktu dengan kamu.
ムンハビスカン　　ワクトゥ　ドゥンガン　カム

英 I had a fun time with you.

わざわざ送ってくれてありがとう。
wazawaza okutte kurete arigatō.

☑ **Maaf sudah mere'potkan,**
マアフ　スダッ　ムレポッ（ト）カン

terima kasih sudah dianterin.
トゥリマ　カスィッ　スダッ　ディアントゥリン

英 Thank you for seeing me off.

気を付けて帰ってね。 *ki o tsukete kaette ne.*

☑ **Pulangnya hati-hati, ya...**
プランニャ　ハティ・ハティ　ヤ

英 Take care.

さよならするのが辛いね。 *sayonara suru noga tsurai ne.*

☑ **Susah untuk berpisah.**
スサッ　ウントゥッ（ク）　ブルピサッ

英 It's hard to say good bye.

今夜は誘ってくれてありがとう。
kon'ya wa sasotte kurete arigatō.

☑ **Terima kasih, malam ini sudah diajak.**
トゥリマ　カスィッ　マラム　イニ　スダッ　ディアジャッ（ク）

英 Thank you for asking me out tonight.

出会い

デート ♡想いを伝える

恋人同士

結婚

トラブル

友達同士

単語集

別れ際に
Saat berpisah

CD 26

次はもっと楽しませてあげるからね。

tsugi wa motto tanoshimasete ageru kara ne.

イ Lain kali saya akan buat lebih menyenangkan.

ライン　カリ　　サヤ　　アカン　ブアッ(ト)　ルゥビッ　　　ムニュナンカン

英 Next time, we'll have even more fun !

今度はどこに連れて行ってくれるの？

kondo wa doko ni tsurete itte kureru no ?

イ Lain kali saya mau diajak ke mana ?

ライン　カリ　　サヤ　　マウ　ディアジャッ(ク)　ク　　マナ

英 Where will you take me next time ?

また会いましょう。

mata aimashō.

イ Sampai ketemu lagi.

サムパイ　　　クトゥム　　ラギ

英 Let's do it again.

今度いつ会える？

kondo itsu aeru ?

イ Kapan ketemu lagi ?

カパン　　　　クトゥム　　ラギ

英 When can I see you again ?

次の週末も空けておくわ。

tsugi no shūmatsu mo aketeoku wa.

イ Saya akan luangkan waktu di akhir minggu depan.

サヤ　　アカン　　ルアンカン　　ワクトゥ ディ アクヒル　　ミング　　ドゥパン

英 I'm available again next weekend.

Waktu bertemu

Waktu kencan

♥ Janjian untuk bertemu lagi

Dengan pacar

Waktu menikah

Dalam kesulitan

Dangan teman

Kosakata

また二人で来ようね。 *mata futari de koyō ne.*

Lain kali kita datang lagi, ya...
ライン　カリ　キタ　ダタン　ラギ　ヤ

英 Let's come back here again sometime.

もっと会いたいな。 *motto aitai na.*

Saya ingin lebih sering ketemu kamu.
サヤ　インギン　ルゥピッ　スリン　クトゥム　カム

英 I'd like to see you more.

今度、「(場所)」に行こうよ。 *kondo, (　) ni ikō yo.*

Lain kali ayo kita pergi ke (nama tempat) .
ライン　カリ　アヨ　キタ　プルギ　ク　ナマ　トゥンパッ(ト)

英 Why don't we go to (　) next time ?

また電話するね。 *mata denwa suru ne.*

Nanti saya te'lpon lagi.
ナンティ　サヤ　テルポン　ラギ

英 I'll give you a call.

今度また会えるのが楽しみだよ。 *kondo mata aeru noga tanoshimi dayo.*

Saya menantikan saat kita bisa bertemu lagi.
サヤ　ムナンティカン　サアッ(ト)　キタ　ビサ　ブルトゥム　ラギ

英 I'm looking forward to seeing you again.

もうこんな時間！ 帰らなくちゃ。 *mō kon'na jikan ! kaeranakucha.*

Wah, sudah jam segini. Saya harus pulang.
ワッ　スダッ　ジャム　スギニ　サヤ　ハルス　プラン

英 It's getting late. I've got to go.

出会い

デート
♡再会の約束

恋人同士

結婚

トラブル

友達同士

単語集

Part 2 デート
waktu kencan

Waktu bertemu

Waktu kencan

Janjian untuk bertemu lagi

Dengan pacar

Waktu menikah

Dalam kesulitan

Dangan teman

Kosakata

送って行くよ。

okutte iku yo.

イ Saya antarkan ya.
サヤ　　アンタルカン　　ヤ

英 I'll see you off.

男と女の
実用コラム

ラマダン明け

　断食月の事をラマダンと呼びます。期間中ずっと飲食しない訳ではなく、断食をするのは日の出から日の入りまで。

　ラマダンはイスラム暦の第９月に当たり、それが明けると一斉にイスラム教徒の人々は休暇を取り始めます。実家に帰る人で幹線道路、鉄道やバスの駅、フェリーが出る港や空港といった所はごった返し、インドネシア内で民族の大移動が起こります。

　この時期の旅行は気を付けてください。観光地のメインストリートは大渋滞を起こして５００ｍ走るのに２時間掛かるのはざらですし、安いホテルはどこも満室になります。

Part 3

恋人

- 親密になる
- 誘う
- 初めてのキス
- LOVE & SEX
- 離れている二人

Waktu bertemu

Waktu kencan

Dengan pacar

♡Menjadi mesra

Waktu menikah

Dalam kesulitan

Dangan teman

Kosakata

愛情の言葉

Ungkapan cinta

CD 27

愛してる？ *aishiteru ?*

イ **Kamu cinta saya ?**
カム　チンタ　サヤ
英 Do you love me ?

愛してるよ。 *aishiteru yo.*

イ **Iya, saya cinta kamu.**
イヤ　サヤ　チンタ　カム
英 I (do) love you.

いつも僕のそばにいてくれる？
itsumo boku no soba ni ite kureru ?

イ **Bisakah kamu selalu hadir di sisiku ?**
ビサカッ　カム　スラル　ハディル ディ スィスィク
英 Will you always be with me ?

もちろんよ。 *mochiron yo.*

イ **Tentu saja.**
トゥントゥ　サジャ
英 Of course.

友達が君に会わせろと言うんだ。
tomodachi ga kimi ni awasero to yūnda.

イ **Teman saya ingin bertemu dengan kamu.**
トゥマン　サヤ　インギン　ブルトゥム　ドゥンガン　カム
英 My friends would like to meet you.

君のことは何でも分かるよ。　*kimi no koto wa nandemo wakaru yo.*

✔ Saya tahu semua tentang kamu.
サヤ　タウ　スムア　トゥンタン　カム
英 I feel like I know everything about you.

甘えん坊だな。　*amaembō dana.*

✔ Anak manja ya.
アナッ(ク)　マンジャ　ヤ
英 You are such a cute little brat.

やきもち焼いてるの？　*yakimochi yaiteru no ?*

✔ Kamu cemburu ?
カム　　チュムブル
英 Are you jealous ?

毎日電話ちょうだいね。　*mainichi denwa chōdai ne.*

✔ Setiap hari te'lpon ya !
スティアッ(プ)　ハリ　テルポン　ヤ
英 Call me everyday.

幸せかい？　*shiawase kai ?*

✔ Kamu Bahagia ?
カム　　バハギア
英 Are you happy ?

あなたといると幸せ。　*anata to iruto shiawase.*

✔ Saya bahagia bersamamu.
サヤ　バハギア　　ブルサマム
英 I'm happy to be with you.

出会い

デート

♡ 親密になる　恋人同士

結婚

トラブル

友達同士

単語集

Waktu bertemu

Waktu kencan

Dengan pacar

♥Menjadi mesra

Waktu menikah

Dalam kesulitan

Dengan teman

Kosakata

お誕生日おめでとう！　僕からのプレゼントだよ。

otanjōbi omedetō ! boku kara no purezento dayo.

✓ Selamat ulang tahun. Ini hadiah dari saya.

スラマッ(ト)　ウラン　タフン　イニ　ハディアッ　ダリ　サヤ

英 Happy Birthday. This is my present to you.

もうあなたとは離れられないわ。

mō anata towa hanarerarenai .

✓ Aku gak bisa pisah dari kamu.

アク　ガッ(ク)　ビサ　ピサッ　ダリ　カム

英 I can't be apart from you anymore.

いつもあなたと一緒にいたいわ。

itsumo anata to isshoni itai wa.

✓ Aku ingin selalu bersamamu.

アク　インギン　スラル　ブルサマム

英 I always want to be with you.

おやすみ。いい夢見てね。

oyasumi. ī yume mite ne.

✓ Selamat tidur. Mimpi indah ya.

スラマッ(ト)　ティドゥル　ミンピ　インダッ　ヤ

英 Good night and sweet dreams.

さすがあなたね。

sasuga anata ne.

✓ Kamu hebat.

カム　ヘバッ(ト)

英 You are great !

甘えてもいい？

amaetemo ī ?

✓ Bole'h manja gak ?

ボレッ　マンジャ　ガッル

英 Can I cuddle with you ?

離れていても心は一つね。 *hanarete itemo kokoro wa hitotsu ne.*

✓ **Biarpun terpisah hati kita satu.**
ビアルプン　トゥルピサッ　ハティ　キタ　サトゥ

英 Even with distance, our hearts are always together.

このまま時が止まればいいのにね。 *konomama toki ga tomareba īnoni ne.*

✓ **Seandainya sekarang waktu bisa berhenti.**
スアンダイニャ　スカラン　ワクトゥ　ビサ　ブルフンティ

英 I wish I could stop time and enjoy this moment forever.

ふと気づくと、いつも君の事を考えてるんだ。 *futo kizukuto, itsumo kimi no koto o kangaete irunda.*

✓ **Hanya kamu yang selalu ada di pikiran saya.**
ハニャ　カム　ヤン　スラル　アダ　ディ　ピキラン　サヤ

英 All I know is that I'm always thinking about you.

好きなんだ、君の笑顔が。 *suki nanda, kimi no egao ga.*

✓ **Saya suka, senyum kamu.**
サヤ　スカ　スニュム　カム

英 I love your smile.

君と出会ったことが僕の転機だったよ。 *kimi to deatta koto ga boku no tenki datta yo.*

✓ **Hidup saya berubah, sejak bertemu dengan kamu.**
ヒドゥッ(プ)　サヤ　ブルバッ　スジャッ(ク)　ブルトゥム　ドゥンガン
カム

英 Meeting you was a turning point in my life.

出会い

デート

♡ 親密になる　恋人同士

結婚

トラブル

友達同士

単語集

Waktu bertemu

Waktu kencan

Dengan pacar

♡Menjadi mesra

Waktu menikah

Dalam kesulitan

Dangan teman

Kosakata

こんな器用な彼女をもって僕は幸せだ。
kon'na kiyō na kanojo o motte boku wa shiawase da.

イ **Saya bahagia punya pacar cekatan seperti kamu.**
サヤ　バハギア　プニャ　パチャル　チュカタン　スプルティ　カム

英 I feel so lucky to have such a talented girlfriend.

こんなに沢山の人がいても、僕はすぐに君を見つけられるよ。
kon'na ni takusan no hito ga itemo, boku wa sugu ni kimi o mitsukerareru yo.

イ **Walaupun ada banyak orang**
ワラウプン　アダ　バニャッ(ク)　オラン

saya bisa langsung menemukanmu.
サヤ　ビサ　ランスン　ムヌムカンム

英 I could find you anywhere, even with in this crowd.

あなたのそういう所が好きなの。
anata no sōyū tokoro ga suki nano.

イ **Saya suka kalau kamu seperti itu.**
サヤ　スカ　カラウ　カム　スプルティ　イトゥ

英 That's what I like about you.

何があっても君を信じるよ。　*nani ga attemo kimi o shinjiru yo.*

イ **Apapun yang terjadi aku tetap percaya kamu.**
アパプン　ヤン　トゥルジャディ　アク　トゥタッ(ブ)　プルチャヤ　カム

英 Whatever happens, I believe in you.

運命って信じる？　*ummētte shinjiru ?*

イ **Kamu percaya takdir ?**
カム　プルチャヤ　タクディル

英 Do you believe in destiny ?

お互い惹かれ合う運命だったのかな？

otagai hikareau ummē datta no kana ?

🇮🇩 **Kita ditakdirkan untuk saling tertarik ?**

キタ　ディタクディルカン　ウントゥッ(ク)　サリン　トゥルタリッ(ク)

🇬🇧 We are meant to be in love …

出会い

デート

♡ 恋人同士
親密になる

結婚

トラブル

友達同士

単語集

男と女の
実用コラム

「知らない」「できない」と言うのは恥

　バリ島でタクシーに乗り「ジンバランのジェンガラ・ケラミックまで行って」と言うと「分かった」と運転手は答えました。しかしどうも違う道を通っているので「違うよ、こっちの道だよ」と声を掛けると「あっ、そうかそうか」とハンドルを切り違う道へ入るのです。しかし一向に着く気配は無く、やがて車を停め窓を開け通りすがりの人に道を聞き始めました。

　この出来事を他のインドネシア人に話すと「知らない」とか「できない」と言うのは恥なのだと教えてくれました。

　インドネシア人に「できる？」と尋ねたら「できない」と言わずに「やってみる」という答えが返ってくる、これにはとことん惑わされました。

Waktu bertemu

Waktu kencan

Dengan pacar ♥Menjadi mesra

Waktu menikah

Dalam kesulitan

Dangan teman

Kosakata

エッチな会話
Percakapan bercinta

CD 28

今日はどんな下着を付けてるの？

kyō wa don'na shitagi o tsuketeru no ?

📩 **Hari ini pakaian dalam kamu seperti apa ?**
ハリ　イニ　パカイアン　　ダラム　　カム　　スプルティ　アパ

英 What kind of underwear are you wearing today ?

想像したでしょ？エッチね。

sōzō shita desho ? ecchi ne.

📩 **Lagi membayangkan ya ? Ngere's.**
ラギ　　　ムンバヤンカン　　ヤ　　ングレス

英 You're undressing me with your eyes, aren't you ?

触ってもいい？

sawattemo ī ?

📩 **Bole'h pegang ?**
ボレッ　　プガン

英 Can I touch you ?

初めてキスしたのはいつ？

hajimete kisu shitanowa itsu ?

📩 **Kapan ciuman pertama kamu ?**
カパン　　チウマン　　プルタマ　　カム

英 When was your first kiss ?

あなたってエッチね。

anatatte ecchi ne.

📩 **Kamu ngere's.**
カム　　　ングレス

英 You're naughty.

110

君だってそうだろ。 *kimidatte sōdaro.*

Kamu juga.
カム　　ジュガ
英 So are you.

もっと近くに寄って。 *motto chikaku ni yotte.*

Lebih dekat lagi.
ルゥビッ ドゥカッ(ト) ラギ
英 Come closer to me.

エッチ(セックス)したくなってきたよ。 *ecchi shitakunatte kita yo.*

Saya jadi ingin bercinta.
サヤ　ジャディ インギン　　ブルチンタ
英 I want to make love to you.

ここでキスしようか？ *koko de kisu shiyō ka ?*

Mau ciuman di sini ?
マウ　　　チウマン　ディ スィニ
英 How about a kiss here ?

今夜は泊まってく？ *kon'ya wa tomatteku ?*

Malam ini menginap ?
マラム　　イニ　　ムンギナッ(プ)
英 Would you like to stay with me tonight ?

夢の中でセックス(エッチ)したことある？ *yume no naka de sekkusu shita koto aru ?*

Pernah bercinta dalam mimpi ?
ブルナッ　　　ブルチンタ　　　ダラム　　　ミンビ
英 Have you ever had sexy dreams ?

出会い

デート

恋人同士
♡ 親密になる

結婚

トラブル

友達同士

単語集

Janji

CD 29

浮気はダメよ。

uwaki wa dame yo.

イ Jangan selingkuh ya !
ジャンガン　スリンクッ　ヤ

英 Don't cheat on me !

僕を信じて。

boku o shinjite.

イ Percaya sama saya.
プルチャヤ　サマ　サヤ

英 Trust me.

あなた以外の人に興味はないわ。

anata igai no hito ni kyōmi wa nai wa.

イ Selain kamu saya tidak tertarik sama yang lain.
スライン　カム　サヤ　ティダ　トゥルタリッ（ク）　サマ　ヤン　ライン

英 I'm not interested in anyone but you.

あなたしか見えないの。

anata shika mienai no.

イ Saya hanya tertarik dengan kamu.
サヤ　ハニャ　トゥルタリッ（ク）　ドゥンガン　カム

英 You're the only one.

君は特別さ。

kimi wa tokubetsu sa.

イ Kamu orang yang spe'sial.
カム　オラン　ヤン　スペシアル

英 You're special.

君のいない世の中なんて考えられないよ。
kimi no inai yononaka nante kangaerarenai yo.

イ Saya tidak bisa membayangkan dunia
サヤ　ティダ　ビサ　　ムンバヤンカン　　ドゥニア

tanpa kamu.
タンパ　　カム

英 I can't imagine a world without you.

僕のそばにずっといてくれる？
boku no soba ni zutto ite kureru ?

イ Kamu akan selalu ada di sisiku ?
カム　　アカン　　スラル　　アダ ディ スィスィク

英 Will you stay close to me forever ?

あなたがいないとダメみたい。　　*anata ga inai to dame mitai.*

イ Kalau kamu tidak ada saya akan kehilangan
カラウ　　カム　　ティダ　アダ　　サヤ　アカン　　クヒランガン

semuanya.
スムアニャ

英 I don't know what I would do without you.

君を離さないよ。　　*kimi o hanasanai yo.*

イ Saya tidak akan melepaskanmu.
サヤ　　ティダ　アカン　　ムルゥパスカンム

英 I'll never let you go.

死んでも好きって言える？　　*shindemo sukitte ieru ?*

イ Bisakah kamu mengatakan sayang sampai mati ?
ビサカッ　　カム　　ムンガタカン　　サヤン　サムパイ　マティ

英 Will you love me until the day I die ?

出会い

デート

♡ 恋人同士
親密になる

結婚

トラブル

友達同士

単語集

やっぱり僕には君しかいない。 *yappari boku niwa kimishika inai.*

Sudah pasti, buat saya hanya ada kamu seorang.
スダッ パスティ ブアッ(ト) サヤ ハニャ アダ カム スオラン

英 You're really the only one for me.

君がそばにいてくれたら、もう何もいらない。
kimi ga soba ni itekuretara, mō nanimo iranai.

Kalau kamu berada di sisiku,
カラウ カム ブラダ ディ スィスィク

yang lainnya tidak perlu lagi.
ヤン ラインニャ ティダ ブルル ラギ

英 I don't want anything else as long as you are with me.

私以外の人に目移りしないでね。
watashi igai no hito ni meutsuri shinaide ne.

Selain saya, jangan main mata sama orang
スライン サヤ ジャンガン マイン マタ サマ オラン

lain ya.
ライン ヤ

英 Don't go flirting with other women.

日本に戻ってもずっと君のこと想ってるよ。
nihon ni modottemo zutto kimi no koto o omotteru yo.

Walaupun pulang ke Jepang
ウァラウブン ブラン ク ジュバン

hanya kamu yang selalu saya pikirkan.
ハニャ カム ヤン スラル サヤ ビキルカン

英 Even after I return to Japan, I will always be thinking of you.

約束してね。 *yakusoku shite ne.*

Janji ya.
ジャンジ ヤ

英 Promise me.

君の為にインドネシア語を話せるように頑張るよ。

kimi no tame ni indoneshiago o hanaseru yōni gambaru yo.

イ Aku belajar Bahasa Indone'sia hanya untuk kamu.

アク　ブラジャル　パハサ　インドネスィア　ハニャ　ウントゥッ(ク)
カム

英 For you, I will try and learn to speak Indonesian.

出会い

デート

恋人同士
♡ 親密になる

結婚

トラブル

友達同士

単語集

男と女の実用コラム

バイク

　インドネシア人男性は、例え利息がとても高くても、自分の大切な物を借金の担保にしてでもバイクを買う事が目標です。バイクが無いとガールフレンドも探しづらいので、とりあえずは働いてバイクを買うために頑張ります。そこまでして手に入れたバイクは、本当に大切ですから盗まれないように気を付けて、丁寧に綺麗に扱います。

　ところでインドネシアは交通事故、特にバイクが絡む事故が驚くほど多いので現地で運転する際は日本以上に安全第一を心掛けましょう。

Waktu bertemu

Waktu kencan

Dengan pacar

♡ Mengajak

Waktu menikah

Dalam kesulitan

Dangan teman

Kosakata

部屋に
Di kamar

CD 30

このＤＶＤ一緒に観ない？　　*kono di-bui-di issho ni minai ?*

イ Mau sama-sama nonton DVD ini ?
マウ　　　サマ・サマ　　　ノントン　ディフィディ イニ

英 Would you like to watch this DVD with me ?

僕の部屋でコーヒーでも飲んでいかない？
boku no heya de kōhī demo nonde ikanai ?

イ Mau minum kopi di kamar saya ?
マウ　　ミヌム　　コピ ディ　カマル　　サヤ

英 Would you like a cup of coffee at my place ?

部屋から見る夜景が抜群なんだよ。
heya kara miru yakē ga batsugun nandayo.

イ Melihat pemandangan malam dari kamar,
ムリハッ(ト)　　　プマンダンガン　　　マラム　　ダリ　カマル

sangat indah.
サンガッ(ト) インダッ

英 The night view from my place is really beautiful.

部屋で飲み直そうよ。　　*heya de nominaosō yo.*

イ Ayo sekali lagi kita minum di kamar.
アヨ　スカリ　ラギ　キタ　　ミヌム　ディ　カマル

英 Let's have another drink in (my / your) room.

出会い

デート

♡ 誘う 恋人同士

結婚

トラブル

友達同士

単語集

夜遅くに一人で帰るのは危ないから、朝まで休んで行きなよ。

yoru osokuni hitori de kaeru nowa abunai kara, asa made yasunde ikina yo.

Sudah larut malam pulang sendirian bahaya,
スダ　ラルッ(ト)　マラム　　プラン　　スンディリアン　　バハヤ

istirahat di sini saja sampai be'sok pagi.
イスティラハッ(ト) ディ スィニ サジャ　サムパイ　　ベソッ(ク)　パギ

英 You should stay until morning because it's dangerous to go home alone late at night.

今日は帰りたくない。　　　　　　　*kyō wa kaeritakunai.*

Hari ini saya tidak mau pulang.
ハリ　イニ　サヤ　ティダ　マウ　　プラン

英 I don't want to go home tonight.

今日は帰さないよ。　　　　　　　　*kyō wa kaesanai yo.*

Hari ini kamu jangan pulang.
ハリ　イニ　　カム　　ジャンガン　　プラン

英 I won't let you go home tonight.

もう少し君と話がしたいな。
mō sukoshi kimi to hanashi ga shitai na.

Saya mau ngobrol sedikit lagi sama kamu.
サヤ　　マウ　　ンゴブロル　スディキッ(ト)　ラギ　　サマ　　　カム

英 I want to talk to you a little longer.

僕の部屋に来る？　　　　　　　　*boku no heya ni kuru ?*

Kamu mau datang ke kamar saya ?
カム　　マウ　　ダタン　　ク　カマル　　サヤ

英 Would you like to come to my place ?

117

夜1人でいると寂しいな。 *yoru hitori de iruto samishī na.*

イ Di malam hari sendirian, saya kesepian.
ディ　マラム　ハリ　スンディリアン　サヤ　クスピアン

英 I feel lonely when I'm by myself at night.

僕の家に遊びにおいでよ。 *boku no uchi ni asobi ni oide yo.*

イ Main ke rumah saya ya.
マイン　ク　ルマッ　サヤ　ヤ

英 Come to my place.

部屋でゆっくり話そうよ。 *heya de yukkuri hanasō yo.*

イ Ayo ngobrol santai di kamar.
アヨ　ンゴブロル　サンタイ　ディ　カマル

英 Let's talk more in (my / your) room.

僕の家はここから近いんだ。 *boku no uchi wa koko kara chikainda.*

イ Rumah saya dari sini dekat.
ルマッ　サヤ　ダリ　スィニ　ドゥカッ（ト）

英 My place is near by.

出会い

デート

♡ 誘う 恋人同士

結婚

トラブル

友達同士

単語集

男と女の実用コラム

インドネシア人に薄毛はいない？

　インドネシアでは近眼の人と薄毛の人をあまり目にしません。目が良いのは蛍光灯などの電気をあまり使わないからかもしれませんが、薄毛の人が少ないのはなぜでしょうか。

　一説ではハイビスカスの一種である「ワルー」という花の葉をつぶして頭に擦り込む、または煎じて塗る。これが効くそうで毎日やっている人を何人か知っています。また、どこにでも生えている植物だから、ワルーから微量に薄毛防止の何かが出ていて空気中に漂っているのかもしれません。

　もう一つ、蚊に刺される人を探すのも難しいです。「サミロト」という葉をかじっておけば蚊に刺されなくなるのだとか。血の中のサミロトの成分を蚊が嫌がると言われています。

Waktu bertemu

Waktu kencan

Dengan pacar

♡Mengajak

Waktu menikah

Dalam kesulitan

Dangan teman

Kosakata

ベッドへ
Ke tempat tidur

CD 31

寒いわ。 *samui wa.*

🇮🇩 **Saya kedinginan.**
サヤ　クディンギンナン
🇬🇧 I'm cold.

僕が温めてあげるよ。 *boku ga atatamete ageru yo.*

🇮🇩 **Mari saya hangatkan.**
マリ　サヤ　ハンガッ(ト)カン
🇬🇧 I'll warm you up.

眠たくなってきちゃったよ。 *nemutakunatte kichatta yo.*

🇮🇩 **Jadi ngantuk.**
ジャディ ンガントゥッ(ク)
🇬🇧 I'm getting sleepy.

君の寝顔が見たいな。 *kimi no negao ga mitai na.*

🇮🇩 **Saya ingin melihat wajah kamu waktu lagi tidur.**
サヤ　インギン ムリハッ(ト)　ワジャッ　カム　ワクトゥ ラギ ティドゥル
🇬🇧 I want to watch you sleeping.

もっと親密な関係になりたいわ。 *motto shimmitsuna kankē ni naritai wa.*

🇮🇩 **Saya ingin berhubungan lebih intim dengan kamu.**
サヤ　インギン　ブルフブンガン　ルゥビッ インティム ドゥンガン　カム
🇬🇧 I want to be more intimate with you.

さぁ、ベッドへ行こうよ。 *sā, beddo e ikō yo.*

イ Ayo kita ke tempat tidur.
アヨ　キタ　ク　トゥンパッ(ト) ティドゥル
英 Let's go to bed.

こっちにおいでよ。 *kocchi ni oide yo.*

イ Ke sini dong.
ク　スィニ　ドン
英 Come here.

ヤリたくなってきた。 *yaritakunatte kita.*

イ Jadi terangsang.
ジャディ　トゥランサン
英 I'm getting horny.

朝まで一緒にいて欲しい。 *asa made issho ni ite hoshī.*

イ Saya ingin kamu bersama saya sampai pagi.
サヤ　インギン　カム　ブルサマ　サヤ　サムパイ　パギ
英 I want you to stay with me until morning.

今日は帰らないで。 *kyō wa kaeranaide.*

イ Hari ini jangan pulang.
ハリ　イニ　ジャンガン　プラン
英 Don't go home tonight.

出会い

デート

♡ 誘う
恋人同士

結婚

トラブル

友達同士

単語集

Waktu bertemu

Waktu kencan

Dengan pacar

Waktu menikah

Dalam kesulitan

Dengan teman

Kosakata

♥Ciuman pertama

初めてのキス
Ciuman pertama

CD 32

キスしてもいい？
kisu shitemo ī ?

イ **Bole'h saya cium ?**
　　ボレッ　　サヤ　　チウム

英 Can I kiss you ?

心の準備はＯＫよ。
kokoro no jumbi wa ōkē yo.

イ **Saya sudah siap.**
　　サヤ　　スダッ　スィアッ(プ)

英 I'm ready.

キスして。
kisu shite.

イ **Cium aku.**
　　チウム　　アク

英 Kiss me.

キスしたことある？
kisu shita koto aru ?

イ **Kamu pernah ciuman ?**
　　カム　　　プルナッ　　チウマン

英 Have you ever kissed anyone before ?

震えてるね。
furueteru ne.

イ **Kamu gemeteran ya.**
　　カム　　　グムトゥラン　　ヤ

英 You are trembling.

柔らかいね。 *yawarakai ne.*

イ Bibir kamu lembut.
ビビル　カム　ルゥンブッ(ト)

英 Your lips are real soft.

どうして泣くの？ *dōshite naku no ?*

イ Kenapa menangis ?
クナパ　ムナンギス

英 Why are you crying ?

目を閉じて。 *me o tojite.*

イ Pejamkan matamu.
プジャムカン　マタム

英 Close your eyes.

リラックスして。 *rirakkusu shite.*

イ Santai saja.
サンタイ　サジャ

英 Relax.

キスは初めて？ *kisu wa hajimete ?*

イ Baru pertama kali ciuman ?
バル　プルタマ　カリ　チウマン

英 Is this your first kiss ?

やっとキスできた。 *yatto kisu dekita.*

イ Akhirnya bisa juga ciuman dengan kamu.
アクヒルニャ　ビサ　ジュガ　チウマン　ドゥンガン　カム

英 I finally got to kiss you.

出会い

デート

恋人同士
♡ 初めてのキス

結婚

トラブル

友達同士

単語集

Waktu bertemu

Waktu kencan

Dengan pacar

Waktu menikah

Dalam kesulitan

Dangan teman

Kosakata

♥Ciuman pertama

ねぇ、キスしようよ。

nē, kisu shiyō yo.

イ Ciuman yuk.
チウマン　ユッ(ク)

英 Let's kiss.

あなたって酔うとキスしたくなるのね。

anatatte you to kisu shitaku naru none.

イ Kamu mau ciuman kalau lagi mabuk, ya.
カム　　マウ　　チウマン　　カラウ　ラギ　マブッ(ク)　　ヤ

英 You like to kiss when you are drunk, don't you ?

君の唇を見るとキスしたくなっちゃうんだ。

kimi no kuchibiru o miruto kisu shitaku nacchaunda.

イ Saya jadi mau nyium bila melihat bibir kamu.
サヤ　ジャディ　マウ　　ニィウム　　ビラ　ムリハッ(ト)　ビビル　　　カム

英 I feel like kissing you when I look at your lips.

どんな感じ？

don'na kanji ?

イ Rasanya gimana ?
ラサニャ　　　　ギマナ

英 How does that feel ?

柔らかくて気持ちいいよ。

yawarakakute kimochi ī yo.

イ Rasanya e'nak lembut.
ラサニャ　　エナッ(ク) ルゥンブッ(ト)

英 Nice and soft.

どこにキスしよう？

doko ni kisu shiyō ?

イ Kamu mau dicium di mana ?
カム　　　マウ　　ディチウム ディ　マナ

英 Where shall I kiss you ?

好きなところにして。 *sukina tokoro ni shite.*

✈ **Terserah kamu mau cium di mana.**
トゥルスラッ　カム　マウ　チウム　ディ　マナ

英 Anywhere you like.

出会い

デート

♡ 恋人同士 初めてのキス

結婚

トラブル

友達同士

単語集

男と女の 実用コラム

子供ができたら結婚

　インドネシアでは「婚前のセックスは慎むべきだ」とされていますが、それは建前であり実際は違うように見えます。結婚するまで未経験でいるという事はあまり重要ではないようです。

　女性はボーイフレンドを早く見つけられるよう頑張ります。お付き合いがスタートしたらバイクに乗せてもらい、田んぼやビーチでデートします。出掛けるためにはバイクが無いと不便です。だからバイクを持っている男性はモテます。車を持っているとさらにモテます。そして妊娠したらめでたく結婚、ゴールインとなる訳です。

Waktu bertemu

Waktu kencan

Dengan pacar

♡love dan sex

Waktu menikah

Dalam kesulitan

Dangan teman

Kosakata

ベッドインまで

Sampai di atas tempat tidur

CD 33

恋ずかしがらないで。 *hazukashi garanaide.*

🔵 **Tidak usah malu-malu.**
ティダ　ウサッ　マル・マル

英 Don't be shy.

気持ち良くしてあげる。 *kimochiyoku shite ageru.*

🔵 **Saya akan membuat kamu merasa puas.**
サヤ　アカン　ムンブアッ(ト)　カム　ムラサ　プアス

英 I'll make you feel good.

僕の好きな下着のデザインだ。ワクワクするよ。
boku no suki na shitagi no dezain da. wakuwaku suru yo.

🔵 **Ini disain baju dalam kesukaan saya.**
イニ　ディサイン　バジュ　ダラム　クスカアン　サヤ

Deg-degan nih.
ドゥグ・ドゥガン　ニッ

英 I like the design of your underwear. It gets me excited.

もう少し一緒にいたいんだ。 *mō sukoshi issho ni itainda.*

🔵 **Saya mau bersama kamu sebentar lagi.**
サヤ　マウ　ブルサマ　カム　スブンタル　ラギ

英 I want to be with you a little longer.

でも、もう帰らないと。 *demo, mō kaeranaito.*

Tetapi, saya harus pulang.
トゥタピ　サヤ　ハルス　プラン

英 But, I have to go.

私もずっと一緒にいたいの。 *watashi mo zutto issho ni itai no.*

Saya mau terus bersama kamu.
サヤ　マウ　トゥルス　ブルサマ　カム

英 I also want to be with you forever.

何もしないから。 *nanimo shinai kara.*

Saya tidak akan ngapa-ngapain.
サヤ　ティダ　アカン　ンガパ・ンガパイン

英 I wouldn't do anything.

ウソばっかり。何もしないわけないでしょう？ *uso bakkari. nanimo shinai wake nai deshō ?*

Bohong. Mana mungkin kamu tidak
ボホン　マナ　ムンキン　カム　ティダ

ngapa-ngapain ?
ンガパ・ンガパイン

英 Liar. You would do something.

君がベッドの中でどんな感じか知りたいんだ。 *kimi ga beddo no naka de don'na kanji ka shiritainda.*

Saya mau tahu bagaimana rasanya kamu
サヤ　マウ　タウ　バガイマナ　ラサニャ　カム

di tempat tidur.
ディ トゥンパッ(ト) ティドゥル

英 I want to know how good you are in bed.

出会い

デート

恋人同士
♡ LOVE&SEX

結婚

トラブル

友達同士

単語集

Waktu bertemu

Waktu kencan

Dengan pacar ♡love dan sex

Waktu menikah

Dalam kesulitan

Dangan teman

Kosakata

他の女の子にも言ってるんじゃないの？

hoka no on'nanoko nimo itterunjanai no ?

Kamu ke wanita lain juga ngomong sama
カム　ク　ワニタ　ライン　ジュガ　ンゴモン　サマ

seperti itu ?
スプルティ　イトゥ

英 You say that to all the girls, don't you ?

優しくしてね。

yasashiku shite ne.

Pelan-pelan ya.
プラン・プラン　ヤ

英 Be gentle.

君のお望み通りに。

kimi no onozomi dōri ni.

Seperti yang kamu minta.
スプルティ　ヤン　カム　ミンタ

英 As you wish.

君が欲しい。

kimi ga hoshī.

Saya mau kamu.
サヤ　マウ　カム

英 I want you.

愛してるよ。

aishiteru yo.

Saya cinta kamu.
サヤ　チンタ　カム

英 I love you.

すごくきれいなバストだね。 *sugoku kirē na basuto dane.*

Indahnya dada kamu.
インダッニャ　ダダ　カム
英 You have beautiful breasts.

初めて？ *hajimete ?*

Ini yang pertama kali buat kamu ?
イニ　ヤン　プルタマ　カリ　ブアッ(ト)　カム
英 Is this your first time ?

君のバストは大きいね。 *kimi no basuto wa ōkī ne.*

Payudara kamu besar ya.
パユダラ　カム　ブサル　ヤ
英 Your breasts are so big.

脱がせて。 *nugasete.*

Bukain dong.
ブカイン　ドン
英 Take my clothes off.

脱がせるよ。 *nugaseru yo.*

Biar, saya bukain.
ビアル　サヤ　ブカイン
英 Let me take your clothes off.

あわてないで。 *awatenaide.*

Jangan buru-buru.
ジャンガン　ブル・ブル
英 There's no need to hurry.

出会い

デート

恋人同士
♡LOVE&SEX

結婚

トラブル

友達同士

単語集

Waktu bertemu

Waktu kencan

Dengan pacar ♡love dan sex

Waktu menikah

Dalam kesulitan

Dangan teman

Kosakata

もう濡れてるよ。 *mō nureteru yo.*

🇮🇩 **Sudah basah nih.**
スダッ　　バサッ　ニッ

🇬🇧 You're already wet.

もう待てない。 *mō matenai.*

🇮🇩 **Saya sudah tidak tahan.**
サヤ　スダッ　ティダ　タハン

🇬🇧 I can't wait anymore.

君を抱きたいよ。 *kimi o dakitai yo.*

🇮🇩 **Saya mau peluk kamu.**
サヤ　マウ　プルッ(ク)　カム

🇬🇧 I want to make love to you.

恥ずかしいわ。 *hazukashī wa.*

🇮🇩 **Saya malu.**
サヤ　マル

🇬🇧 I'm a little embarrassed.

電気消して。 *denki keshite.*

🇮🇩 **Matikan lampunya.**
マティカン　　ラムプニャ

🇬🇧 Turn off the light.

ベッドの中で
Di tempat tidur

CD 34

出会い

デート

♡ 恋人同士

LOVE&SEX

結婚

トラブル

友達同士

単語集

気持ちいい？   *kimochi ī ?*

🇮🇩 **Rasanya e'nak ?**
ラサニャ　エナッ（ク）

🇬🇧 Does this feel good ?

気持ちいい。   *kimochi ī.*

🇮🇩 **Rasanya e'nak.**
ラサニャ　エナッ（ク）

🇬🇧 It feels good.

痛い！   *itai !*

🇮🇩 **Sakit !**
サキッ（ト）

🇬🇧 It hurts !

もっと奥まで。   *motto oku made.*

🇮🇩 **Lebih dalam.**
ルゥビッ　ダラム

🇬🇧 Deeper.

やめないで。   *yamenaide.*

🇮🇩 **Jangan berhenti.**
ジャンガン　ブルフンティ

🇬🇧 Don't stop.

Waktu bertemu

Waktu kencan

Dengan pacar

♡Love dan sex

Waktu menikah

Dalam kesulitan

Dangan teman

Kosakata

口でやって。 *kuchi de yatte.*

🇮🇩 **Pakai mulut dong.**
パカイ　ムルッ(ト)　ドン
🇬🇧 Go down on me.

上になって。 *ue ni natte.*

🇮🇩 **Naik ke atas sini.**
ナイッ(ク)　ク　アタス　スィニ
🇬🇧 Get on top.

やめて。 *yamete.*

🇮🇩 **Stop !**
ストッ(プ)
🇬🇧 Stop it.

君が動いて。 *kimi ga ugoite.*

🇮🇩 **Kamu yang gerak ya.**
カム　　　ヤン　グラッ(ク)　ヤ
🇬🇧 Move your hips.

身体を起こして。 *karada o okoshite.*

🇮🇩 **Angkat badan kamu.**
アンカッ(ト)　バダン　　カム
🇬🇧 Sit up.

足を広げて。 *ashi o hirogete.*

🇮🇩 **Buka kaki kamu.**
ブカ　カキ　　カム
🇬🇧 Spread your legs.

お尻を上げて。 *oshiri o agete.*

🔲 **Angkat bokongmu.**
アンカッ(ト)　　ボコンム
英 Raise your hips.

後ろを向いて。 *ushiro o muite.*

🔲 **Lihat ke belakang.**
リハッ(ト)　ク　　プラカン
英 Turn around.

キスして。 *kisu shite.*

🔲 **Cium saya.**
チウム　　サヤ
英 Kiss me.

舐めてもいい？ *nametemo ī?*

🔲 **Bole'h dijilat ?**
ボレッ　　ディジラッ(ト)
英 Can I lick you ?

もうだめ。イキそう。 *mō dame. ikisō.*

🔲 **Sudah cukup. Sudah mau keluar.**
スダッ　チュクッ(プ)　　スダッ　　マウ　　クルアル
英 Oh, I'm cumming.

イッた？ *itta ?*

🔲 **Sudah keluar ?**
スダッ　　　クルアル
英 Did you cum ?

出会い

デート

♡ 恋人同士 LOVE&SEX

結婚

トラブル

友達同士

単語集

Waktu bertemu

Waktu kencan

Dengan pacar

Waktu menikah

Dalam kesulitan

Dangan teman

Kosakata

♡Love dan sex

そこ、いいの。 *soko, ī no.*

🇮🇩 **Di situ, e'nak.**
ディ スィトゥ エナッ(ク)

🇬🇧 That feels good.

感じやすいんだね。 *kanjiyasuinda ne.*

🇮🇩 **Se'nsitif ya.**
センスィティフ ヤ

🇬🇧 You're sensitive.

待って。 *matte.*

🇮🇩 **Tunggu.**
トゥング

🇬🇧 Wait a minute.

今僕たちは一つになってるよ。 *ima bokutachi wa hitotsu ni natteru yo.*

🇮🇩 **Sekarang, kita menjadi satu.**
スカラン　　キタ　ムンジャディ　サトゥ

🇬🇧 We are really together now.

続けよう。 *tsuzukeyō.*

🇮🇩 **Ayo terusin.**
アヨ　トゥルスィン

🇬🇧 Let's keep going.

挿れていい？ *irete ī ?*

🇮🇩 **Bole'h masukin ?**
ボレッ　　マスキン

🇬🇧 Can I go inside you ?

勃たないよ。 *tatanai yo.*

イ **Tidak bisa berdiri.**
ティダ ビサ ブルディリ
英 It's not getting stiff.

くすぐったい。 *kusuguttai.*

イ **Geli ah.**
グリ アッ
英 It tickles.

声が大きいよ。 *koe ga ōkī yo.*

イ **Suaranya besar ya.**
スアラニャ ブサル ヤ
英 You're too loud.

うまく挿れられない。 *umaku irerarenai.*

イ **Tidak bisa masukin dengan bagus.**
ティダ ビサ マスキン ドゥンガン バグス
英 It doesn't go in well.

もっと優しくして。 *motto yasashiku shite.*

イ **Lebih pelan ya.**
ルゥビッ ブラン ヤ
英 Softer.

ゆっくり、ゆっくり。 *yukkuri, yukkuri.*

イ **Pelan, pelan.**
ブラン ブラン
英 Slowly.

出会い

デート

♡恋人同士 LOVE&SEX

結婚

トラブル

友達同士

単語集

Waktu bertemu

Waktu kencan

Dengan pacar

♡Love dan sex

Waktu menikah

Dalam kesulitan

Dangan teman

Kosakata

ピロートーク
Percakapan sesudah bercinta

CD
35

幸せだね。 *shiawase dane.*

イ **Bahagia ya.**
バハギア　ヤ

英 We're happy, aren't we ?

上手ね。 *jōzu ne.*

イ **Kamu he'bat.**
カム　　ヘバッ(ト)

英 You're really good.

よかった？ *yokatta ?*

イ **Kamu senang ?**
カム　　スナン

英 Was it good for you ?

よかったわ。 *yokatta wa.*

イ **Senang ya.**
スナン　　ヤ

英 That was good.

もう一回してもいい？ *mō ikkai shitemo ī ?*

イ **Bole'h sekali lagi ?**
ボレッ　　スカリ　　ラギ

英 How about another round ?

今夜は抱き合ったまま眠ろう。 *kon'ya wa dakiatta mama nemurō.*

✔ **Malam ini ayo tidur sambil pelukan.**
マラム　イニ　アヨ　ティドゥル　サムビル　ブルカン
英 Let's sleep holding each other tonight.

僕と一緒の夢を見ようね。 *boku to issho no yume o miyō ne.*

✔ **Lihat mimpi sama-sama aku ya.**
リハッ(ト)　ミンピ　サマ・サマ　アク　ヤ
英 Let's have the same dream together.

ギュッと抱きしめて。 *gyutto dakishimete.*

✔ **Peluk erat-erat.**
ブルッ(ク) ウラッ(ト)・ウラッ(ト)
英 Hold me tight.

私が眠るまで起きててね。 *watashi ga nemuru made okitete ne.*

✔ **Jangan tidur sebelum saya tertidur.**
ジャンガン ティドゥル　スブルム　サヤ　トゥルティドゥル
英 Don't fall asleep until I fall asleep.

寒くないかい？ *samukunai kai ?*

✔ **Kamu tidak kedinginan ?**
カム　ティダ　クディンギナン
英 Aren't you cold ?

出会い

デート

♡ 恋人同士 LOVE&SEX

結婚

トラブル

友達同士

単語集

シャワールームで
Di kamar mandi

CD 36

シャワー浴びる？ *shawā abiru ?*

イ Mau mandi pakai showe'r ?
マウ　マンディ　パカイ　ショウェル

英 Shall we take a shower together ?

洗いっこしようよ。 *araikko shiyō yo.*

イ Ayo mandi bareng.
アヨ　マンディ　バレン

英 Let's wash each other.

一緒にお風呂に入ろう。 *issho ni ofuro ni hairō.*

イ Ayo mandi sama-sama.
アヨ　マンディ　サマ - サマ

英 Let's take a bath together.

きれいな身体だね。 *kirē na karada dane.*

イ Badan kamu bagus.
バダン　カム　バグス

英 What a beautiful body !

拭いてあげるよ。 *fuite ageru yo.*

イ Saya lap ya.
サヤ　ラッ(プ) ヤ

英 I'll wipe you off.

138

避妊する
Kontrase'psi

出会い

デート

恋人同士
♡ 避妊する

結婚

トラブル

友達同士

単語集

今日は安全日？ *kyō wa anzembi ?*

 **Hari ini hari aman ?**
ハリ　イニ　ハリ　アマン

英 Is it safe to have sex without protection today ?

外に出してね。 *soto ni dashite ne.*

Keluarin di luar ya.
クルアリン　ディルアル　ヤ

英 Don't cum inside me.

まだ子どもは欲しくないの。 *mada kodomo wa hoshikunai no.*

Saya belum mau punya anak.
サヤ　　ブルム　　マウ　　プニャ　アナッ(ク)

英 I don't want to have a baby yet.

この前の生理はいつ？ *kono mae no sēri wa itsu ?*

Terakhir kapan datang bulan ?
トゥルアクヒル　　カパン　　ダタン　　ブラン

英 When was your last period ?

コンドームつけて。 *kondōmu tsukete.*

Pakai kondomnya.
パカイ　　　コンドムニャ

英 Please use a condom.

139

Waktu bertemu

Waktu kencan

Dengan pacar

♡Love dan sex

Waktu menikah

Dalam kesulitan

Dangan teman

Kosakata

私がコンドームつけてあげる。

watashi ga kondōmu tsukete ageru.

イ Saya pasangin kondomnya ya.
サヤ　　　パサンギン　　　　コンドムニャ　　　ヤ

英 I'll help you put on the condom.

ピル飲んだ？

piru nonda ?

イ Sudah minum pil ?
スダッ　　　ミヌム　　　ピル

英 Are you on the pill ?

生理はあるの？

sēri wa aru no ?

イ Kamu sudah datang bulan ?
カム　　　スダッ　　　ダタン　　　ブラン

英 Has your period come ?

コンドームが無いよ。

kondōmu ga nai yo.

イ Saya tidak punya kondom.
サヤ　ティダ　ブニャ　　　コンドム

英 I don't have a condom.

外に出すよ。

soto ni dasu yo.

イ Keluarin di luar ya.
クルアリン　ディルアル　ヤ

英 I won't cum inside you.

妊娠したらどうしよう？

ninshin shitara dō shiyō ?

イ Kalau hamil bagaimana ?
カラウ　　ハミル　　　バガイマナ

英 I wouldn't know what to do if I got pregnant.

コンドームが取れちゃった。 *kondōmu ga torechatta.*

イ Kondomnya lepas.
コンドムニャ　ルゥパス
英 My condom came off.

もし妊娠したらどうする？ *moshi ninshinshitara dōsuru ?*

イ Kalau saya hamil, bagaimana ?
カラウ　サヤ　ハミル　バガイマナ
英 What would we do if I got pregnant ?

初めからコンドーム使ってね。 *hajime kara kondōmu tsukatte ne.*

イ Dari pertama pakai kondom ya.
ダリ　プルタマ　パカイ　コンドム　ヤ
英 Please put on the condom before you go inside me.

コンドーム持ってる？ *kondōmu motteru ?*

イ Bawa kondom ?
バワ　コンドム
英 Do you have a condom ?

ないよ。君は？ *nai yo. kimi wa ?*

イ Tidak. Kamu ?
ティダ　カム
英 No, do you ?

本当に中で出さなかった？ *hontō ni naka de dasanakatta ?*

イ Kamu sungguh tidak keluarkan di dalam ?
カム　スングッ　ティダ　クルアルカン　ディ　ダラム
英 Are you sure you didn't cum inside me ?

出会い
デート
恋人同士 ♡ LOVE&SEX
結婚
トラブル
友達同士
単語集

Waktu bertemu

Waktu kencan

Dengan pacar
♡love dan sex

Waktu menikah

Dalam kesulitan

Dangan teman

Kosakata

多分、大丈夫だと思う。　　　　*tabun, daijōbu dato omou.*

🇮🇩 **Kayaknya, tidak apa-apa.**
　　カヤニャ　　　　ティダ　　アパ・アパ

英 I'm pretty sure.

男と女の
実用コラム

産児制限？

　人口の増加に悩まされているインドネシア政府は、法律で産児制限を設けている訳ではありませんが「子供は２人まで」と奨励しています。男の子を産む事に価値が置かれる社会なので「男の子が産まれるまでは」と頑張る訳ですが、子沢山の家庭はもちろん養育が大変ですし国家にも負担が掛かります。

　最近は政府の策も浸透し始めていて、病院に行くとコンドームなどの避妊具が無料提供されています。１０〜２０代に聞くと子供は２人までで良いと答える人が多くなってきました。時代の流れですね。

離れている二人

Dua orang yang terpisah

CD 38

あなたが恋しいわ。

anata ga koishī wa.

Saya kangen sama kamu.
サヤ　カングン　サマ　カム

英 I miss you.

毎日あなたのことを考えてるの。

mainichi anata no koto o kangaeteruno.

Setiap hari, saya selalu memikirkan kamu.
スティアッ(プ)　ハリ　サヤ　スラル　ムミキルカン　カム

英 I think about you everyday.

毎日あなたのこと夢に見るわ。

mainichi anata no koto yume ni miru wa.

Setiap hari, saya selalu melihat kamu
スティアッ(プ)　ハリ　サヤ　スラル　ムリハッ(ト)　カム

dalam mimpi.
ダラム　ミンピ

英 I dream of you every night.

会えなくて寂しいな。

aenakuto oabichī na.

Saya kesepian karena tidak bisa bertemu kamu.
サヤ　クスピアン　カルナ　ティダ　ビサ　ブルトゥム　カム

英 I miss you.

出会い
デート
♡ 恋人同士
離れている二人
結婚
トラブル
友達同士
単語集

143

Part3 恋人同士
dengan pacar

♥ Dua orang yang terpisah

Waktu bertemu

Waktu kencan

Dengan pacar

Waktu menikah

Dalam kesulitan

Dangan teman

Kosakata

あなたの声が聞けるだけで幸せ。

anata no koe ga kikeru dake de shiawase.

Saya bahagia walau hanya mendengar
サヤ　　バハギア　　ワラウ　　ハニャ　　ムンドゥンガル

suara kamu.
スアラ　　カム

英 I'm happy just to hear your voice.

今何してるの？

ima nani shiteru no ?

Sekarang, sedang apa ?
スカラン　　　スダン　　アパ

英 What are you doing now ?

今どこにいるの？

ima doko ni iru no ?

Sekarang, ada di mana ?
スカラン　　アダ　ディ　マナ

英 Where are you right now ?

君を想うだけで心が張り裂けそうだ。

kimi o omou dake de kokoro ga harisakesō da.

Saya merasa sepi kalau ingat tentang kamu.
サヤ　　ムラサ　　スピ　　カラウ　インガッ(ト)　トゥンタン　　カム

英 My heart aches just thinking of you.

早く会いたい。

hayaku aitai.

Saya ingin cepat ketemu kamu.
サヤ　インギン　チュバッ(ト)　クトゥム　　カム

英 I want to see you soon.

144

君の笑顔が見たい。 *kimi no egao ga mitai.*

Saya ingin melihat senyummu.
サヤ　インギン　ムリハッ(ト)　スニュンム
英 I want to see your smile.

久しぶりだね。元気だった？ *hisashiburi dane. genki datta ?*

Sudah lama tidak ketemu. Baik-baik sajakan ?
スダッ　ラマ　ティダ　クトゥム　バイッ(ク)-バイッ(ク)　サジャカン
英 Long time no see. How have you been ?

私のこと忘れないでね。 *watashi no koto wasurenaide ne.*

Jangan lupakan saya ya.
ジャンガン　ルパカン　サヤ　ヤ
英 Don't forget me.

毎日あなたの写真を眺めているの。 *mainichi anata no shashin o nagameteiru no.*

Setiap hari, saya melihat fotomu.
スティアッ(プ)　ハリ　サヤ　ムリハッ(ト)　フォトム
英 I look at your pictures everyday.

いつになったら会いに来てくれるの？ *itsu ni nattara ai ni kite kureru no ?*

Kapan kamu datang menemuiku ?
カパン　カム　ダタン　ムヌムイク
英 When are you coming to see me ?

あなたの事こんなにも想っているのに。 *anata no koto kon'na nimo omotte iru noni.*

Padahal saya selalu memikirkan kamu.
パダハル　サヤ　スラル　ムミキルカン　カム
英 I care about you so much.

出会い
デート
恋人同士
♡ 離れている二人
結婚
トラブル
友達同士
単語集

Waktu bertemu

Waktu kencan

Dengan pacar

Waktu menikah

Dalam kesulitan

Dangan teman

Kosakata

♥Dua orang yang terpisah

あなたが病気していないかとても心配なの。
anata ga byōki shiteinai ka totemo shimpai nano.

🔲 **Saya sangat khawatir kalau kamu sampai**
サヤ　サンガッ(ト)　カワティル　カラウ　カム　サムパイ

jatuh sakit.
ジャトゥッ サキッ(ト)

英 I'm really worried if you're sick or not.

電話をかける前いつもドキドキするの。
denwa o kakeru mae itsumo dokidoki suru no.

🔲 **Sebelum saya mene'le'pon,**
スブルム　　サヤ　　ムネレポン

saya selalu merasa deg-degan.
サヤ　スラル　ムラサ　ドゥグ・ドゥガン

英 I'm always nervous before I call you.

電話では今の気持ちが伝えられなくて残念だよ。
denwa dewa ima no kimochi ga tsutaerarenakute zan'nen dayo.

🔲 **Sayang sekali le'wat te'lpon**
サヤン　　スカリ　レワッ(ト)　テルポン

saya tidak bisa mengungkapkan perasaan
サヤ　ティダ　ビサ　ムングンカプカン　プラサアン

saya saat ini kepada kamu.
サヤ　サアッ(ト)　イニ　クパダ　カム

英 It's too bad I can't show you how I feel right now over the phone.

この曲を聴くといつも君を思い出すんだ。
kono kyoku o kiku to itsumo kimi o omoidasunda.

🔲 **Bila mendengar lagu ini,**
ビラ　ムンドゥンガル　ラグ　イニ

saya selalu ingat tentang kamu.
サヤ　スラル　インガッ(ト)　トゥンタン　カム

英 This song always reminds me of you.

Part 4

結婚

- プロポーズする
- 妊娠と出産

Waktu bertemu

Waktu kencan

Dengan pacar

Waktu menikah

♡Melamar

Dalam kesulitan

Dangan teman

Kosakata

プロポーズする

Melamar

CD 39

この指輪受け取ってくれる？ *kono yubiwa uketotte kureru ?*

🇮🇩 **Maukah kamu menerima cincin ini ?**
マウカッ　カム　ムヌリマ　チンチン　イニ

🇬🇧 Will you take this ring ?

俺についてこい。 *ore ni tsuitekoi.*

🇮🇩 **Ikuti saya.**
イクティ　サヤ

🇬🇧 Marry me.

僕と結婚して下さい。 *boku to kekkon shite kudasai.*

🇮🇩 **Saya ingin kamu menikah dengan saya.**
サヤ　インギン　カム　ムニカッ　ドゥンガン　サヤ

🇬🇧 Will you marry me ?

僕の子供を産んで下さい。 *boku no kodomo o unde kudasai.*

🇮🇩 **Saya mohon agar kamu mau melahirkan**
サヤ　モホン　アガル　カム　マウ　ムラヒルカン

anak saya.
アナッ(ク)　サヤ

🇬🇧 I want you to have my baby.

君を幸せにするよ。　*kimi o shiawase ni suru yo.*

✓ **Saya akan membahagiakan kamu.**
サヤ　　アカン　　　ムンバハギアカン　　　カム

英 I'll make you happy.

僕の奥さんになって下さい。　*boku no okusan ni natte kudasai.*

✓ **Saya mohon agar kamu mau menjadi istri**
サヤ　　モホン　　アガル　　カム　　マウ　　ムンジャ　イストゥリ

saya.
サヤ

英 Would you be my wife ?

君のウェディングドレス姿を見てみたい。
kimi no uedingudoresu sugata o mite mitai.

✓ **Saya ingin melihat kamu pakai baju pengantin.**
サヤ　インギン　ムリハッ(ト)　カム　　バカイ　バジュ　プンガンティン

英 I want to see you in a wedding dress.

婚姻届を出そうか。　*kon'in todoke o dasō ka.*

✓ **Ayo kita daftarkan pernikahan kita.**
アヨ　キタ　ダフタルカン　　プルニカハン　　キタ

英 Let's register our marriage.

一緒に歳を取ろうよ。　*issho ni toshi o torō yo.*

✓ **Aku ingin menghabiskan hidup denganmu.**
アク　インギン　　ムンハビスカン　　ヒドゥッ(プ)　ドゥンガンム

英 I'd like to spend the rest of my life with you.

出会い

デート

恋人同士

♡プロポーズする　結婚

トラブル

友達同士

単語集

Waktu bertemu

Waktu kencan

Dengan pacar

Waktu menikah
♡ **Melamar**

Dalam kesulitan

Dangan teman

Kosakata

同じ名前になってくれ。 *onaji namae ni nattekure.*

イ Mau gak kamu ganti nama saya biar sama
マウ　ガッ(ク)　カム　ガンティ　ナマ　サヤ　ビアル　サマ

denganku ?
ドゥンガンク

英 I'd like you to take on my name as your own.

君の手料理が毎日食べたいな。 *kimi no teryōri ga mainichi tabetai na.*

イ Saya ingin makan masakan kamu tiap hari.
サヤ　インギン　マカン　マサカン　カム　ティアッ(ブ)　ハリ

英 I want to enjoy your cooking everyday.

一生僕のそばにいて欲しい。 *isshō boku no soba ni ite hoshī.*

イ Aku ingin selalu ada di dekatmu se'umur hidup.
アク　インギン　スラル　アダ　ディドゥカッ(ト)ム　セウムル　ヒドゥッ(ブ)

英 Would you spend the rest of your life with me ?

新婚旅行はどこに行こうか？ *shinkon ryokō wa doko ni ikō ka ?*

イ Bulan madu mau pergi ke mana ?
ブラン　マドゥ　マウ　プルギ　ク　マナ

英 Where should we go for our honeymoon ?

一緒に暮らそう。 *issho ni kurasō.*

イ Ayo hidup bersamaku.
アヨ　ヒドゥッ(ブ)　ブルサマク

英 Let's live together !

出会い

デート

恋人同士

♡プロポーズする　結婚

トラブル

友達同士

単語集

男と女の
実用コラム

白い肌への憧れ

　インドネシア人男性は白い肌の人を美人と言います、美しさの基準は顔立ちではありません。ただし白いと言っても茶褐色の肌をやや薄くした事を「白い」と言います。そのためインドネシア人女性は日本人のような白さに憧れます。どうしたら白くなれるのかは関心事の一つです。

　産まれた子供の肌が白いと喝采ものです。親は喜び自慢で仕方ありません。白い肌になるという化粧品が色々と販売されていますが、高価な化粧品は庶民には手が出ません。そんな化粧品を使って日々肌の手入れをするのは、貴金属をジャラジャラと身に着けた大金持ちの奥様だけです。

Waktu bertemu

Waktu kencan

Dengan pacar

Waktu menikah

♥ **Hamil dan melahirkan**

Dalam kesulitan

Dangan teman

Kosakata

妊娠
Hamil

CD ●40

赤ちゃんができたの。
akachan ga dekita no.

🇮🇩 **Saya hamil.**
サヤ　　ハミル

英 I'm pregnant.

俺もいよいよ父親か。
ore mo iyoiyo chichioya ka.

🇮🇩 **Sebentar lagi saya jadi ayah ya.**
スプンタル　　ラギ　サヤ　ジャディ　アヤッ　ヤ

英 Oh, wow！I'm going to be a father.

産みたいわ。
umitai wa.

🇮🇩 **Saya mau melahirkan.**
サヤ　　マウ　　ムラヒルカン

英 I want to have a baby.

産んでもいい？
undemo ī？

🇮🇩 **Bole'h melahirkan ？**
ボレッ　　　ムラヒルカン

英 Can we keep our baby ？

あなたの子供が欲しいわ。
anata no kodomo ga hoshī wa.

🇮🇩 **Saya ingin punya anak dari kamu.**
サヤ　インギン　プニャ　アナッ(ク)　ダリ　　カム

英 I want your baby.

出会い

デート

恋人同士

♡ 妊娠と出産

結婚

トラブル

友達同士

単語集

誕生が待ち遠しいわ。 *tanjō ga machidōshī wa.*

Saya tidak sabar lagi menunggu sampai melahirkan.
サヤ ティダ サバル ラギ ムヌング サンパイ ムラヒルカン
英 I'm looking forward to giving birth to our baby.

生理が来ないわ。 *sēri ga konai wa.*

Saya tidak me'ns bulan ini.
サヤ ティダ メンス ブラン イニ
英 My period is late.

遅れてるだけなんじゃない？ *okureteru dake nanjanai ?*

Mungkin terlambat saja ?
ムンキン トゥルラムバッ(ト) サジャ
英 Maybe it's just late.

あなた、パパよ。 *anata, papa yo.*

Kamu akan jadi papa.
カム アカン ジャディ パパ
英 You are going to be a father.

父親になるのはまだ早いよ。 *chichioya ni naru nowa mada hayai yo.*

Terlalu cepat untuk menjadi seorang ayah.
トゥルラル チュパッ(ト) ウントゥッ(ク) ムンジャディ スオラン アヤッ
英 I'm not ready to be a father yet.

本当に僕の子ども？ *hontō ni boku no kodomo ?*

Benar ini anak saya ?
ブナル イニ アナッ(ク) サヤ
英 Are you sure it's mine ?

153

Waktu bertemu

Waktu kencan

Dengan pacar

Waktu menikah · Hamil dan melahirkan

Dalam kesulitan

Dangan teman

Kosakata

当たり前じゃない。 *atarimae janai.*

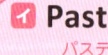 **Pastinya.**
パスティニャ
英 Of course.

私、お母さんになるの。 *watashi, okāsan ni naru no.*

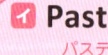 **Saya akan menjadi seorang ibu.**
サヤ　アカン　ムンジャディ　スオラン　イブ
英 I'm going to be a mother.

赤ちゃんを産むにはまだ早いわ。 *akachan o umu niwa mada hayai wa.*

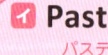 **Terlalu cepat untuk melahirkan seorang bayi.**
トゥルラル　チュパッ(ト)　ウントゥッ(ク)　ムラヒルカン　　スオラン　　バイ
英 It's too early to have a baby.

男と女の実用コラム

ジゴロの苦労

　ジゴロも大変です。たまたま同じ日の同じ時間、同じ場所で親密にしている女性2人と出くわしてしまったら。そんな時は逃げます。何気なく逃げておき、後で理由を付けて謝ります。名前と顔が一致せず混乱するようなジゴロはまだまだ修行が足りません。バリ島のジゴロは他の島から来ている事がほとんどです。バリ島出身では隣近所の目がうるさく何を言われるか分からないのでやりにくいようです。

出産

Melahirkan

CD
41

出会い

デート

恋人同士

結婚

♡ 妊娠と出産

トラブル

友達同士

単語集

どっちの顔に似てる？

docchi no kao ni niteru ?

Mukanya mirip siapa, ya.

ムカニャ　ミリッ（ブ）スィアパ　ヤ

英 Who does (he / she) look like, you or me ?

かわいい赤ちゃんね。

kawaī akachan ne.

Dia bayi yang lucu.

ディア　バイ　ヤン　ルチュ

英 (He / She) is such a cute baby.

君に似てかわいいね。

kimi ni nite kawaī ne.

Lucu seperti kamu.

ルチュ　スプルティ　カム

英 (He / She) is cute, just like you.

将来どんな子に育つかしら？

shōrai don'na ko ni sodatsu kashira ?

Besarnya seperti apa ya ?

ブサルニャ　スプルティ　アパ　ヤ

英 I wonder what (he / she) will be like when (he / she) grows up.

僕の子を産んでくれてありがとう。

boku no ko o unde kurete arigatō.

Terima kasih kamu mau melahirkan anak saya.

トゥリマ　カスィッ　カム　マウ　ムラヒルカン　アナッ（ク）サヤ

英 Thank you for giving birth to my baby.

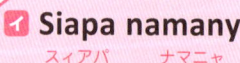

名前は何にしよう？ *namae wa nani ni shiyō?*

Siapa namanya ya.
スィアパ　ナマニャ　ヤ

英 What shall we name our baby ?

男と女の実用コラム

インドネシア人女性の悩み

　ある女性の話です。ボーイフレンドと付き合っていても中々結婚しないので「どうして？」と聞くと、「子供がまだできないから」だと言います。「子供ができてからじゃないと結婚できないの？」とさらに尋ねると、「そうでもないけど…私が妊娠できる身体だという事が分からないと、彼が結婚したがらないの」という返事でした。カップルのほとんどが女性が妊娠するとまもなく結婚します。

　女性は「子供を産む事が最大の任務」というのが常識のインドネシア社会、この件で悩む女性は多くいます。子供ができない女性は地元で肩身の狭い思いをするようです。

156

Part 5
トラブル

- 口ゲンカ
- 疑いをかける
- 言い訳をする
- 別れましょう
- 仲直りする

Waktu bertemu

Waktu kencan

Dengan pacar

Waktu menikah

Dalam kesulitan ♡Perang mulut

Dangan teman

Kosakata

ロゲンカ
Perang mulut

CD 42

お前は何でいつもそうなんだ？

omae wa nande itsumo sō nanda ?

Kenapa kamu selalu begitu.
クナパ　　カム　　スラル　　ブギトゥ

英 Why are you always like that ?

自分勝手な奴だな。

jibunkatte na yatsu dana.

Kamu e'gois.
カム　　エゴイス

英 You are selfish.

もう一緒にいたくない。

mō issho ni itakunai.

Pokoknya, saya tidak mau bersama kamu lagi.
ポコッ(ク)ニャ　　サヤ　　ティダ　　マウ　　ブルサマ　　カム　　ラギ

英 I don't want to be with you anymore.

もう顔も見たくない。

mō kao mo mitakunai.

Pokoknya, saya tidak mau melihat wajah
ポコッ(ク)ニャ　　サヤ　　ティダ　　マウ　　ムリハッ(ト)　　ワジャッ

kamu lagi.
カム　　ラギ

英 I don't want to see you anymore.

158

お前が悪い。 *omae ga warui.*

Kamu jahat.
カム　ジャハッ(ト)

英 It's your fault.

どういうつもりなの？ *dōyū tsumori nano？*

Mau kamu bagaimana？
マウ　カム　バガイマナ

英 What are you thinking？

命令するな。 *mērē suruna.*

Jangan perintah saya.
ジャンガン　プリンタッ　サヤ

英 Don't tell me what to do.

ごちゃごちゃ言うな。 *gocha gocha iuna.*

Jangan bicara sembarangan.
ジャンガン　ビチャラ　スンバランガン

英 Stop nagging me！

何？ その言い方は。 *nani？ sono īkata wa？*

Apa？ kok gitu ngomongnya.
アパ　コッ(ク)ギトゥ　ンゴモンニャ

英 What？ How could you say that？

好きにしろ。 *suki ni shiro.*

Terserah.
トゥルスラッ

英 Just do whatever you want！

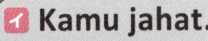

出会い

デート

恋人同士

結婚

♡ロゲンカ　トラブル

友達同士

単語集

Waktu bertemu

Waktu kencan

Dengan pacar

Waktu menikah

Dalam kesulitan

Dangan teman

Kosakata

♡Perang mulut

文句を言うな。

monku o iuna.

🇮🇩 **Jangan mengome'l.**
ジャンガン　ムンゴメル

🇬🇧 Stop complaining.

言い訳するな。

īwake suruna.

🇮🇩 **Jangan cari alasan.**
ジャンガン　チャリ　アラサン

🇬🇧 Don't make excuses.

なんで約束を破ったの？

nande yakusoku o yabutta no ?

🇮🇩 **Kenapa kamu melanggar janji ?**
クナパ　カム　ムランガル　ジャンジ

🇬🇧 Why did you break your promise ?

ふざけるな。

fuzakeruna.

🇮🇩 **Jangan main-main dengan saya ya.**
ジャンガン　マイン-マイン　ドゥンガン　サヤ　ヤ

🇬🇧 Don't be stupid.

馬鹿にしてんのか？

baka ni shiten'no ka ?

🇮🇩 **Jangan membodohi saya.**
ジャンガン　ムンボドヒ　サヤ

🇬🇧 Are you kidding me ?

まじめに聞いてよ。

majime ni kīte yo.

🇮🇩 **Dengar yang serius.**
ドゥンガル　ヤン　スリウス

🇬🇧 Listen seriously.

もうたくさんだ。 *mō takusan da.*

Sudah ah, bosan dengarnya.
スダッ　アッ　ボサン　ドゥンガルニャ

英 That's enough !

口出しすんな。 *kuchidashi sun'na.*

Jangan ikut campur.
ジャンガン　イクッ(ト)　チャンブル

英 Mind your own business.

いつもそうじゃないの。 *itsumo sō janai no.*

Bukannya selalu begitu.
ブカンニャ　スラル　ブギトゥ

英 You are always like this.

ごまかさないで。 *gomakasanaide.*

Jangan menipu.
ジャンガン　ムニプ

英 Don't try and fool me.

話をそらさないで。 *hanashi o sorasanaide.*

Jangan ubah pembicaraan.
ジャンガン　ウバッ　ブンビチャラアン

英 Don't change the subject.

私はあなたのものじゃない。 *watashi wa anata no mono janai.*

Saya bukan barang kamu.
サヤ　ブカン　バラン　カム

英 You don't own me.

出会い

デート

恋人同士

結婚

♡ロゲンカ　トラブル

友達同士

単語集

放っておいて。　　　　　　　　　　　　　　　　*hōtte oite.*

☑ **Lupakan saja.**
ルパカン　　サジャ
英 Leave me alone.

殴らないで。　　　　　　　　　　　　　　　　*naguranaide.*

☑ **Jangan pukul.**
ジャンガン　　ブクル
英 Stop hitting me.

そんなひどいこと言われたの初めて。
son'na hidoi koto iwaretano hajimete.

☑ **Saya baru pertama kali die'je'k seperti ini.**
サヤ　　バル　　ブルタマ　　カリ ディエジェッ(ク) スプルティ イニ
英 Nobody has ever said something so horrible to me.

信じられない。　　　　　　　　　　　　　　　　*shinjirarenai.*

☑ **Saya tidak percaya.**
サヤ　　ティダ　　ブルチャヤ
英 I can't believe it.

最低よ。　　　　　　　　　　　　　　　　*saitē yo.*

☑ **Brengsek.**
ブレンセッ(ク)
英 You suck.

私をほったらかしにしないでよ。
watashi o hottarakashi ni shinaide yo.

☑ **Jangan tinggalkan saya see'naknya.**
ジャンガン　　ティンガルカン　　サヤ　　スエナッ(ク)ニャ
英 Don't neglect me.

Waktu bertemu · Waktu kencan · Dengan pacar · Waktu menikah · Dalam kesulitan · ♡Perang mulut · Dangan teman · Kosakata

> あなたが思ってるような女じゃないわ。
> *anata ga omotteru yōna on'na janai wa.*

✓ **Saya bukan wanita yang seperti kamu bayangkan.**
サヤ　ブカン　ワニタ　ヤン　スブルティ　カム　バヤンカン

英 I'm not the woman you think I am.

> 私の身体が目当てだったのね。
> *watashi no karada ga meate datta none.*

✓ **Kamu hanya mau badan saya saja ya.**
カム　ハニャ　マウ　バダン　サヤ　サジャ　ヤ

英 You just wanted to have sex with me.

男と女の 実用コラム

セックスが好き？

　ジャワ島やバリ島のインドネシア人男女にセックスの回数を聞いてみました。若い２０代はほとんどの人が「毎日」という答え。では３０代はどうかといえば、これまた「ほとんど毎日」と返ってきました。

　日本のように娯楽的な刺激やスポーツが発展していないので、仕事を終えてからの楽しみは「セックス」に尽きるようです。精をつけるジャムー（漢方薬みたいな物）が夕方になるとあちらこちらで売られ、男性はいそいそと飲んで帰っていきます。

出会い

デート

恋人同士

結婚

♡ロゲンカ　トラブル

友達同士

単語集

浮気
Selingkuh

CD 43

昨日誰といたの？ *kinō dare to ita no ?*

Kemarin, kamu sama siapa ?
　クマリン　　　カム　　サマ　スィアパ

英 Who were you with yesterday ?

浮気してない？ *uwaki shitenai ?*

Kamu tidak selingkuh ?
　カム　　ティダ　　スリンクッ

英 Are you cheating on me ?

他に女がいたのね。 *hoka ni on'na ga ita none.*

Ada wanita lain ya.
　アダ　　ワニタ　　ライン　ヤ

英 You've got another woman.

遊び人！ *asobi nin !*

Mata keranjang !
　マタ　　　クランジャン

英 (You) cheater !

尻軽女！ *shirigaru on'na !*

Pelacur !
　プラチュル

英 (You) whore !

誰からの電話？

dare kara no denwa ?

Te'lpon dari siapa ?
テルポン　ダリ　スィアパ

英 Who just called you ?

さっきの人誰？

sakki no hito dare ?

Siapa orang tadi ?
スィアパ　オラン　タディ

英 Who was that person ?

浮気したら別れるからな。

uwaki shitara wakareru kara na.

Kalau kamu selingkuh kita putus.
カラウ　カム　スリンクッ　キタ　プトゥス

英 I'll leave you if you cheat on me.

あなたが浮気したら私もするわよ。

anata ga uwaki shitara watashi mo suru wayo.

Kalau kamu selingkuh, saya juga mau.
カラウ　カム　スリンクッ　サヤ　ジュガ　マウ

英 I would cheat on you if you cheated on me.

信じてた俺がバカだった。

shinjiteta ore ga baka datta.

Waktu itu saya bodoh percaya sama kamu.
ワクトゥ　イトゥ　サヤ　ボドッ　プルチャヤ　サマ　カム

英 I was stupid to believe you.

いつから気付いてたの？

itsukara kizuiteta no ?

Sejak kapan kamu tahu ?
スジャッ(ク)　カパン　カム　タウ

英 When did you first know ?

出会い

デート

恋人同士

結婚

トラブル

♡ 疑いをかける

友達同士

単語集

行動を探る

Perbuatan yang mencurigakan

CD 44

Waktu bertemu

Waktu kencan

Dengan pacar

Waktu menikah

Dalam kesulitan
♡**Bersangsi**

Dangan teman

Kosakata

これ誰の？

kore dare no ?

🇮🇩 **Ini punya siapa ?**
イニ　プニャ　スィアパ

🇬🇧 Whose is this ?

誰と会ってるの？

dare to atteru no ?

🇮🇩 **Bertemu dengan siapa ?**
ブルトゥム　ドゥンガン　スィアパ

🇬🇧 Who are you seeing ?

どうして電話に出ないの？

dōshite denwa ni denai no ?

🇮🇩 **Kenapa tidak diangkat ?**
クナパ　　ティダ　ディアンカッ(ト)

🇬🇧 Why don't you answer my calls ?

どうして電話してくれなかったの？

dōshite denwa shite kurenakatta no ?

🇮🇩 **Kenapa tidak te'lpon saya ?**
クナパ　　ティダ　　テルポン　　サヤ

🇬🇧 Why didn't you give me a call ?

本当の事を話して。

hontō no koto o hanashite.

🇮🇩 **Bicara sejujurnya.**
ビチャラ　スジュジュルニャ

🇬🇧 Tell me the truth.

どうして嘘ばかりつくの？ *dōshite usobakari tsuku no ?*

✓ Kenapa kamu selalu bohong ?
　クナパ　　　カム　　　スラル　　　ボホン
英 Why do you always lie to me ?

私のことを調べるのは止めて。
watashi no koto o shiraberu nowa yamete.

✓ Jangan cari tahu tentang saya.
　ジャンガン　チャリ　タウ　　トゥンタン　　サヤ
英 Don't be nosey !

一人でどこに行くの？ *hitori de doko ni iku no ?*

✓ Sendiri saja, mau ke mana ?
　スンディリ　サジャ　　マウ　ク　　マナ
英 Where are you going ?

疑ってるの？ *utagatteru no ?*

✓ Curiga ?
　チュリガ
英 Don't you trust me ?

言ってることのつじつまが合わないよ。
itteru koto no tsujitsuma ga awanai yo.

✓ Yang kamu blcarakan, mana yang benar.
　ヤン　　カム　　ピチャラカン　　マナ　　ヤン　　ブナル
英 You are not making any sense.

目が嘘をついてる。 *me ga uso o tsuiteru.*

✓ Mata kamu bohong.
　マタ　　カム　　　ボホン
英 Your eyes are telling me differently.

出会い

デート

恋人同士

結婚

トラブル

♡ 疑いをかける

友達同士

単語集

Part 5 トラブル
dalam kesulitan

Waktu bertemu

Waktu kencan

Dengan pacar

Waktu menikah

Dalam kesulitan ♥Bersangsi

Dangan teman

Kosakata

> 初めはあんなに優しかったのに最近は冷たいわね。
> *hajime wa an'na ni yasashikatta noni saikin wa tsumetai wane.*

✓ **Kamu baik sekali pertamanya**
カム　バイッ(ク)　スカリ　　　プルタマニャ

tapi akhir-akhir ini jadi dingin.
タピ　アクヒル・アクヒル　イニ　ジャディ　ディンギン

英 You were so gentle at first, but now you seem colder.

> 今度の日曜の用事って何？　　*kondo no nichiyō no yōjitte nani ?*

✓ **Hari Minggu depan kamu ada urusan apa ?**
ハリ　　　ミング　　　ドゥパン　カム　　アダ　　ウルサン　　アパ

英 What kind of appointment do you have on Sunday ?

男と女の 実用コラム

インドネシア人の結婚適齢期

　村に住む女性だと２０歳前後、男性は２２歳ほど。都会に住み仕事を持っている女性は２０代後半、男性が３０歳ほどです。都会に出てから結婚してやっていけるようになるまでには時間が掛かります。両親と離れて暮らしていくのだから何もかも自分達で費用を用意しなくてはなりません。その上親への仕送り、ましてや下に就学期の弟や妹がいれば援助するのが普通です。

　そういった事情もあり、この頃は慌てて結婚しなくても良いという考え方が若い人々の間で広がっています。

曜日と月

月曜日	hari Senin	ハリ スニン
火曜日	hari Selasa	ハリ スラサ
水曜日	hari Rabu	ハリ ラブ
木曜日	hari Kamis	ハリ カミス
金曜日	hari Jumat	ハリ ジュマッ(ト)
土曜日	hari Sabtu	ハリ サブトゥ
日曜日	hari Minggu	ハリ ミング

1月	bulan Januari	ブラン ジャヌアリ
2月	bulan Fe'bruari	ブラン フェブルアリ
3月	bulan Maret	ブラン マルッ(ト)
4月	bulan April	ブラン アプリル
5月	bulan Me'i	ブラン メイ
6月	bulan Juni	ブラン ジュニ
7月	bulan Juli	ブラン ジュリ
8月	bulan Agustus	ブラン アグストゥス
9月	bulan Se'pte'mber	ブラン セッ(プ)テンブル
10月	bulan Oktober	ブラン オクトブル
11月	bulan Nove'mber	ブラン ノフェンブル
12月	bulan De'se'mber	ブラン デセンブル

Waktu bertemu

Waktu kencan

Dengan pacar

Waktu menikah

Dalam kesulitan

♡Beralasan

Dangan teman

Kosakata

言い訳をする
Beralasan

CD 45

心配するなよ。 *shimpai suruna yo.*

イ Jangan khawatir.
ジャンガン　カワティル

英 Don't worry.

ただの友達よ。 *tada no tomodachi yo.*

イ Cuman teman.
チュマン　トゥマン

英 (He's / She's) just a friend.

彼女に対して恋愛感情はないよ。 *kanojo ni taishite ren'ai kanjō wa nai yo.*

イ Dengan dia tidak ada rasa cinta.
ドゥンガン　ディア　ティダ　アダ　ラサ　チンタ

英 I don't have any feelings for her.

あの子とは何でもないよ。 *anoko towa nandemonai yo.*

イ Sama orang itu tidak ada hubungan apa-apa.
サマ　オラン　イトゥ　ティダ　アダ　ノブンガン　アパ・アパ

英 I don't have anything to do with her.

妹だよ。 *imōto dayo.*

イ Adik perempuan.
アディッ(ク)　プルムプアン

英 She's my younger sister.

会社の女の子だよ。 *kaisha no on'nanoko dayo.*

イ Teman kantor.
トゥマン　カントル
英 She's my colleague.

恋人は君だけだよ。 *koibito wa kimi dake dayo.*

イ Pacar saya hanya kamu.
パチャル　サヤ　ハニャ　カム
英 You are my only love.

仕事が忙しかったんだ。 *shigoto ga isogashikattanda.*

イ Saya sibuk di pekerjaan.
サヤ　スィブッ(ク)ディ　ブクルジャアン
英 I was busy working.

疲れてたんだ。 *tsukaretetanda.*

イ Capai.
チャパイ
英 I was just tired.

俺のことが信じられないのか？ *ore no koto ga shinjirarenai noka ?*

イ Kamu tidak percaya sama saya ?
カム　ティダ　プルチャヤ　サマ　サヤ
英 Don't you believe me ?

お前に心配かけたくなかったんだ。 *omae ni shimpai kaketaku nakattanda.*

イ Saya tidak mau kamu menjadi khawatir.
サヤ　ティダ　マウ　カム　ムンジャディ　カワティル
英 I didn't want to make you worry.

出会い
デート
恋人同士
結婚
♡ 言い訳をする　トラブル
友達同士
単語集

Part 5 トラブル
dalam kesulitan

サイドバー（左）: Waktu bertemu / Waktu kencan / Dengan pacar / Waktu menikah / **♡Beralasan** **Dalam kesulitan** / Dangan teman / Kosakata

---

これは俺の問題だから。 *kore wa ore no mondai dakara.*

🇮🇩 **Ini masalah saya.**
イニ　　マサラッ　　サヤ

🇬🇧 This is my problem.

心配かけてごめん。 *shimpai kakete gomen.*

🇮🇩 **Maaf sudah buat kamu khawatir.**
マアフ　　スダッ　ブアッ(ト)　　カム　　カワティル

🇬🇧 I'm sorry to have made you worry.

仕事なんだから仕方ないよ。 *shigoto nandakara shikata nai yo.*

🇮🇩 **Apa bole'h buat, inikan pekerjaan.**
アパ　　ボレッ　ブアッ(ト)　イニカン　　ブクルジャアン

🇬🇧 I had no choice because I was working.

冗談だよ。 *jōdan dayo.*

🇮🇩 **Saya hanya bercanda.**
サヤ　　ハニャ　　ブルチャンダ

🇬🇧 I'm kidding.

どういう風に説明したらいいのか分からない。 *dōyūfū ni setsumē shitara ī noka wakaranai.*

🇮🇩 **Saya tidak tahu bagaimana cara terbaik**
サヤ　　ティダ　　タウ　　バガイマナ　　チャラ トゥルバイッ(ク)

untuk menjelaskannya.
ウントゥッ(ク)　　ムンジュラスカンニャ

🇬🇧 I'm not sure I know how to explain.

172

誤解させてごめん。 *gokai sasete gomen.*

🔊 Maaf membuat kamu salah paham.
マアフ　ムンブアッ(ト)　カム　サラッ　パハム

英 I'm sorry I made you misunderstand.

出会い

デート

恋人同士

結婚

トラブル
言い訳をする

友達同士

単語集

男と女の 実用コラム

インドネシアの結婚式

イスラム教式、ヒンズー教式、キリスト教式、仏教式や共同体特有の儀式があり結婚式の形はそれぞれですが、共通して言えるのはお金が掛かるという事。結婚式費用はだいたい１，０００～３，０００万ルピアにもなります。インドネシアの平均月収は１６０万ルピアなので用意するのは中々大変です。夫側の両親が半分、残りの半分を本人達で分けるのが一般的です。

バリ島では結婚すると決まると県と村のバンジャール（地域の共同体）に届け出をします。そして式をする事で自分達が結婚した事を村の人々に知らせます。式をしないと共同体で生きていくのが難しいと考えているようです。イスラム教徒の場合は県に届け出を行い、式の日にイスラム教支部から係の人が登録をしにやってきます。

別れたい
Ingin berpisah

CD 46

さようなら。

sayōnara.

☑ **Selamat tinggal.**
スラマッ(ト)　ティンガル

英 Goodbye.

もう私達終わりにしましょう。

mō watashitachi owari ni shimashō.

☑ **Sudah, mari kita akhiri.**
スダッ　マリ　キタ　アクヒリ

英 We're through.

もう会うのはやめよう。

mō au nowa yameyō.

☑ **Sudah, tidak usah ketemu lagi.**
スダッ　ティダ　ウサッ　クトゥム　ラギ

英 We shouldn't see each other anymore.

このままだとお互いダメになる。

konomama dato otagai dame ni naru.

☑ **Kalau begini terus satu sama lain**
カラウ　ブギニ　トゥルス　サトゥ　サマ　ライン

tidak ada harapan.
ティダ　アダ　ハラパン

英 We'll drag each other down if we continue like this.

Waktu bertemu

Waktu kencan

Dengan pacar

Waktu menikah

Dalam kesulitan

♡Ayo putus

Dangan teman

Kosakata

私達、会えない時間が多過ぎたわ。

watashitachi, aenai jikan ga ōsugita wa.

Kita sudah tidak punya waktu untuk bertemu lagi.
キタ　スダッ　ティダ　プニャ　ワクトゥ　ウントゥッ(ク)　プルトゥム　ラギ

英 We didn't see each other enough.

私はあなたにふさわしくないの。

watashi wa anata ni fusawashikunai no.

Saya tidak cocok buat kamu.
サヤ　ティダ　チョチョッ(ク)　ブアッ(ト)　カム

英 I'm not right for you.

もっといい人が見つかるよ。

motto ī hito ga mitsukaru yo.

Pasti kamu akan menemukan seseorang
パスティ　カム　アカン　ムヌムカン　ススオラン

yang lebih baik.
ヤン　ルゥビッ　バイッ(ク)

英 You'll find someone better.

君は僕にはもったいない。

kimi wa boku niwa mottainai.

Kamu terlalu baik untuk saya.
カム　トゥルラル　バイッ(ク)　ウントゥッ(ク)　サヤ

英 You are too good for me.

日本に帰るよ。

nihon ni kaeru yo.

Saya akan pulang ke Jepang.
サヤ　アカン　プラン　ク　ジュパン

英 I'm going back to Japan.

出会い

デート

恋人同士

結婚

トラブル
♡別れましょう

友達同士

単語集

Waktu bertemu

Waktu kencan

Dengan pacar

Waktu menikah

Dalam kesulitan

Dangan teman

Kosakata

Part 5 トラブル
dalam kesulitan

♡Ayo putus

性格が合わない。 *sēkaku ga awanai.*

Kita tidak ada kecocokan
キタ　ティダ　アダ　クチョチョカン

英 We don't get along.

ごめん。好きな人ができたんだ。 *gomen. sukina hito ga dekitanda.*

Maaf, aku sudah temukan orang yang aku suka.
マアフ　アク　スダッ　トゥムカン　オラン　ヤン　アク　スカ

英 I'm sorry, but I've had someone else on my mind.

部屋の鍵、ここに置いてくね。 *heya no kagi, koko ni oiteku ne.*

Aku simpan di sini ya, kunci kamarnya.
アク　スィンパン　ディ スィニ　ヤ　クンチ　カマルニャ

英 I'll leave your house key here.

時が経てば忘れるわ。 *toki ga tateba wasureru wa.*

Akan lupa seiring waktu.
アカン　ルパ　スイリン　ワクトゥ

英 Time heals everything.

このまま続けるのは無理みたい。 *konomama tsuzukeru nowa muri mitai.*

Tidak mungkin diteruskan kalau seperti ini.
ティダ　ムンキン　ディトゥルスカン　カラウ　スプルティ イニ

英 We can't go on like this.

最初からこうなる運命だったのよ。 *saisho kara kō naru ummē datta noyo.*

Hal ini sudah ditakdirkan dari awal.
ハル　イニ　スダッ　ディタクディルカン　ダリ　アワル

英 It was never meant to last in the first place.

価値観が違い過ぎるわ。 *kachikan ga chigai sugiru wa.*

✈ **Cara pandang kita sangat berbe'da.**
チャラ　　パンダン　　キタ　サンガッ(ト)　　ブルベダ

英 Our values are too different.

この関係から抜け出したいんだ。 *kono kankē kara nukedashitainda.*

✈ **Saya mau keluar dari hubungan ini.**
サヤ　　マウ　　クルアル　　ダリ　　フブンガン　　イニ

英 I want to get out of this relationship.

新しい彼女ができたんだ。 *atarashī kanojo ga dekitanda.*

✈ **Saya sudah punya pacar baru.**
サヤ　　スダッ　　プニャ　　パチャル　　バル

英 I have a new girlfriend.

君のことはもう愛せないよ。 *kimi no koto wa mō aisenai yo.*

✈ **Saya sudah tidak cinta kamu lagi.**
サヤ　　スダッ　　ティダ　　チンタ　　カム　　ラギ

英 I don't love you anymore.

いい思い出だったね。 *ī omoide datta ne.*

✈ **Kenangan yang indah.**
クナンガン　　ヤン　　インダッ

英 We have good memories together.

あなたには愛想が尽きたわ。 *anata niwa aiso ga tsukita wa.*

✈ **Untuk kamu kesabaran saya sudah habis.**
ウントゥッ(ク)　　カム　　クサバラン　　サヤ　　スダッ　　ハビス

英 I've had enough of you.

Waktu bertemu

Waktu kencan

Dengan pacar

Waktu menikah

♡Ayo putus

Dalam kesulitan

Dangan teman

Kosakata

他に女はいくらでもいるさ。 *hoka ni on'na wa ikurademo iru sa.*

☑ **Masih banyak ada wanita lain.**
マスィッ　バニャッ（ク）　アダ　　ワニタ　　ライン

英 There are many other women out there.

もう信じられないの。 *mō shinjirarenai no.*

☑ **Sudah tidak bisa dipercayai.**
スダッ　ティダ　ビサ　ディブルチャヤイ

英 I can't trust you anymore.

これからは別々の人生を歩いて行こう。
korekara wa betsubetsu no jinsē o aruite ikō.

☑ **Mulai sekarang kita hidup masing-masing.**
ムライ　　スカラン　　キタ　ヒドゥッ（プ）　　マスィン・マスィン

英 We'll go our separate paths from here.

今まで本当にありがとう。 *imamade hontō ni arigatō.*

☑ **Terima kasih banyak untuk semuanya.**
トゥリマ　　カスィッ　バニャッ（ク）ウントゥッ（ク）　　スムアニャ

英 Thank you for everything.

君の事は嫌いになったんじゃないよ。
kimi no koto wa kirai ni nattan janai yo.

☑ **Bukan karena saya benci kamu.**
ブカン　　カルナ　　サヤ　ブンチ　　カム

英 It's not that I don't like you.

男と女の実用コラム

真実の愛とは？

　日本人の女性とインドネシア人の男性が付き合い始めると、周囲から女性は「あんた騙されているのよ」とか「お金が目的じゃないの？」「日本に連れてきたら大変よ、大きな子供を持つようなものよ」など、色々と言われるそうです。中でも一番心配するのはやはり親兄弟。「本当にお金目当てではなく、娘を愛してくれているのか」「これからもずっと大事にしてくれるのか」と、国や言葉、文化、習慣が違うだけでぼんやりとした不安に襲われます。

　それをはね除けるには、自分達の力で生きる事。日本で暮らしたいのなら親のお金をあてにせず、夫婦2人で働いて日本に帰るためのお金を作る、そういった行動が愛の証になります。最近はこのように自分達の力で生きていく事を決めて愛を証明しようとする若いカップルも大勢います。

出会い

デート

恋人同士

結婚

トラブル
❤別れましょう

友達同士

単語集

別れたくない
Tidak ingin berpisah

CD 47

Waktu bertemu

Waktu kencan

Dengan pacar

Waktu menikah

Dalam kesulitan
♥Ayo putus

Dangan teman

Kosakata

どうして？ *dōshite ?*

🔄 **Kenapa ?**
クナパ

英 Why ?

私を見捨てないで。 *watashi o misutenaide.*

🔄 **Jangan tinggalkan aku.**
ジャンガン　ティンガルカン　アク

英 Don't leave me.

やり直せないの？ *yarinaosenai no ?*

🔄 **Tidak bisa kita perbaiki lagi ?**
ティダ　ビサ　キタ　プルバイキ　ラギ

英 Don't you want to give this another try ?

本当に別れていいのね？ *hontō ni wakarete ī none ?*

🔄 **Sudah pasti putus ?**
スダッ　パスティ　プトゥス

英 Are you sure that you want to break up ?

私のこと忘れないでね。 *watashi no koto wasurenaide ne.*

🔄 **Jangan lupakan saya.**
ジャンガン　ルパカン　サヤ

英 Don't forget me.

あなたのことは忘れないわ。 *anata no koto wa wasurenai wa.*

イ Saya tidak akan lupa tentang kamu.
サヤ　ティダ　アカン　ルパ　トゥンタン　カム
英 I'll never forget you.

ひとりぼっちね。 *hitoribocchi ne.*

イ Saya kesepian.
サヤ　クスピアン
英 I have no one now.

君は僕の全てだった。 *kimi wa boku no subete datta.*

イ Buat saya kamu adalah segalanya.
ブアッ(ト)　サヤ　カム　アダラッ　スガラニャ
英 You were my everything.

死んでしまいたい。 *shinde shimaitai.*

イ Rasanya ingin mati.
ラサニャ　インギン　マティ
英 I just want to die.

俺のこと好きだって言ってくれよ。 *ore no koto sukidatte ittekure yo.*

イ Katakan sayang kepada saya.
カタカン　サヤン　クパダ　サヤ
英 Tell me that you love me.

出会い

デート

恋人同士

結婚

♡別れましょう

トラブル

友達同士

単語集

仲直りする
Rukun kembali

CD 48

もうケンカを止めて仲直りしようよ。
mō kenka o yamete nakanaori shiyō yo.

🇮🇩 **Sudah, jangan bertengkar. Ayo baikan yuk.**
スダッ　　ジャンガン　ブルトゥンカル　　アヨ　　バイカン　ユッ(ク)

🇬🇧 Let's stop this and make up.

俺が悪かった。
ore ga warukatta.

🇮🇩 **Saya yang salah.**
サヤ　ヤン　サラッ

🇬🇧 It was my fault.

悪いのはお互い様だ。
warui nowa otagaisama da.

🇮🇩 **Yang salah kita berdua.**
ヤン　サラッ　キタ　ブルドゥア

🇬🇧 It's just as much my fault as it's yours.

これから気を付けるよ。
korekara ki o tsukeru yo.

🇮🇩 **Mulai sekarang saya akan hati-hati.**
ムライ　スカラン　サヤ　アカン　ハティ・ハティ

🇬🇧 I'll be careful in the future.

傷付けるつもりはなかった。
kizutsukeru tsumori wa nakatta.

🇮🇩 **Saya tidak bermaksud melukai kamu.**
サヤ　ティダ　ブルマクッスッド　ムルカイ　カム

🇬🇧 I didn't mean to hurt you.

Waktu bertemu | Waktu kencan | Dengan pacar | Waktu menikah | Dalam kesulitan ♡Rukun kembali | Dangan teman | Kosakata

もう二度とこんな思いはしたくないよ。
mō nido to kon'na omoi wa shitakunai yo.

イ **Sudah, yang seperti ini jangan terulang lagi.**
スダッ　ヤン　スプルティ　イニ　ジャンガン　トゥルラン　ラギ

英 I don't want to feel like this ever again.

もう怒ってないよ。
mō okottenai yo.

イ **Saya sudah tidak marah.**
サヤ　スダッ　ティダ　マラッ

英 I'm not angry anymore.

本当にごめんよ。
hontō ni gomen yo.

イ **Benar-benar maaf ya.**
ブナル - ブナル　マアフ　ヤ

英 I am very sorry.

反省してるよ。
hansē shiteru yo.

イ **Saya merasa bersalah.**
サヤ　ムラサ　ブルサラッ

英 I should have never done something like that.

よりを戻そう。
yori o modosō.

イ **Balik yuk.**
バリッ(ク) ユッ(ク)

英 Let's get back together.

別れたくない。
wakaretakunai.

イ **Saya tidak mau putus.**
サヤ　ティダ　マウ　ブトゥス

英 I don't want to lose you.

出会い
デート
恋人同士
結婚
トラブル ♡仲直りする
友達同士
単語集

Waktu bertemu

Waktu kencan

Dengan pacar

Waktu menikah

Dalam kesulitan

♡Rukun kembali

Dangan teman

Kosakata

お前と離れてて寂しかった。 *omae to hanaretete sabishikatta.*

イ **Saya kesepian bila berpisah dari kamu.**
サヤ　クスピアン　ビラ　ブルピサッ　ダリ　カム
英 I missed you.

あなたのこと本当に好きだってやっと気付いたの。
anata no koto hontō ni sukidatte yatto kizuita no.

イ **Saya rasa, saya benar-benar sayang kamu.**
サヤ　ラサ　サヤ　ブナル・ブナル　サヤン　カム
英 I finally realized that I love you.

二度とこんな事はしないって誓うよ。 *nidoto kon'na koto wa shinaitte chikau yo.*

イ **Saya berjanji kejadian ini tidak akan terulang lagi.**
サヤ　ブルジャンジ　クジャディアン　イニ　ティダ　アカン　トゥルラン　ラギ
英 I swear I'll never ever do that again.

お前の怒った顔もかわいいな。 *omae no okotta kao mo kawaī na.*

イ **Muka kamu lucu juga waktu marah.**
ムカ　カム　ルチュ　ジュガ　ワクトゥ　マラッ
英 You are so cute when you are angry.

やっぱりあなたが好き。 *yappari anata ga suki.*

イ **Saya masih sayang kamu.**
サヤ　マスィッ　サヤン　カム
英 I still love you.

素直になるわ。 *sunao ni naru wa.*

イ **Saya akan jujur dengan perasaan saya.**
サヤ　アカン　ジュジュル　ドゥンガン　プラサアン　サヤ
英 I'll be honest with my feelings.

馬鹿なことして悪かった。 *bakana koto shite warukatta.*

🔲 **Saya menyesal melakukan sesuatu yang bodoh.**
サヤ　　ムニュサル　　ムラックカン　　ススアトゥ　ヤン　　ボドッ

英 I'm sorry to have done such a thing.

俺のことを分かってくれるのはお前だけだって
気付いたよ。 *ore no koto o wakattekureru nowa omae dake datte kizuita yo.*

🔲 **Saya rasa yang bisa mengerti saya hanya kamu.**
サヤ　ラサ　ヤン　ビサ　ムングルティ　サヤ　　ハニャ　　カム

英 I realize now that you are the only one who understands me.

もう一度チャンスをくれないか？ *mō ichido chansu o kurenai ka ?*

🔲 **Kasih saya kesempatan sekali lagi ?**
カスィッ　　サヤ　　クスムパタン　　スカリ　ラギ

英 Can I have another chance ?

もっと君のことを考えたら良かった。 *motto kimi no koto o kangaetara yokatta.*

🔲 **Seandainya saya memikirkan lebih banyak**
スアンダイニャ　　　サヤ　　ムミキルカン　　ルゥビッ　バニャッ（ク）

tentang kamu.
トゥンタン　　カム

英 I should have been more thoughtful.

本当に俺でいいのかい？ *hontō ni ore de ī nokai ?*

🔲 **Benar kamu mau dengan saya ?**
プナル　　カム　マウ　ドゥンガン　サヤ

英 Are you sure you want me ?

出会い

デート

恋人同士

結婚

♡ 仲直りする　トラブル

友達同士

単語集

Waktu bertemu

Waktu kencan

Dengan pacar

Waktu menikah

Dalam kesulitan

♡Rukun kembali

Dangan teman

Kosakata

あなたが一番よ。　　　　　　*anata ga ichiban yo.*

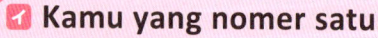 **Kamu yang nomer satu.**
　　カム　　　ヤン　　　ノムル　　　サトゥ
英 You are the best.

男と女の
実用コラム

インドネシア人の男性

　インドネシアは多民族であり、島国でもあります。言語、文化、民族そして宗教も島ごとに違います。

　共通しているのは西洋人的な個人主義は発達しておらず、村落共同体を重視している事です。そのため世間の目、人の目を非常に気にします。

　男女の付き合いでは、いずれ「嫁」にしなければならない男性が圧倒的に優位である事は古くから変わりませんが、妻を複数もつ習慣はもう昔の話です。

Part 6

友達

- 女の子達の会話
- 男の子達の会話

Part **6** 友達同士
dangan teman

Waktu bertemu

Waktu kencan

Dengan pacar

Waktu menikah

Dalam kesulitan

Dangan teman

Kosakata

女の子達の会話
Percakapan wanita

♥ Percakapan wanita

CD 49

あの人かっこいいわね。 　　　*anohito kakkoī wane.*

イ **Orang itu, tampan ya.**
　オラン　イトゥ　　タンパン　　ヤ
英 He's good looking.

彼氏は優しい？ 　　　*kareshi wa yasashī ?*

イ **Pacarmu baik ?**
　パチャルム　バイッ(ク)
英 Is your boyfriend sweet ?

彼、彼女いるのかしら？ 　　　*kare, kanojo iru no kashira ?*

イ **Dia sudah punya pacar belum ya ?**
　ディア　スダッ　　ブニャ　　パチャル　　ブルム　　ヤ
英 Do you think he has a girlfriend ?

彼に会いたいわ。 　　　*kare ni aitai wa.*

イ **Saya ingin ketemu dia.**
　サヤ　インギン　　クトゥム　　ディア
英 I want to see him.

彼の瞳が好き。 　　　*kare no hitomi ga suki.*

イ **Saya suka matanya.**
　サヤ　スカ　　マタニャ
英 I love his eyes.

彼って意外と気が利くのよ。 *karette igaito ki ga kiku noyo.*

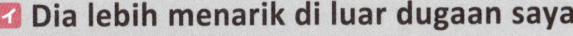 **Dia lebih menarik di luar dugaan saya.**
ディア ルゥビッ ムナリッ(ク) ディルアル ドゥガアン サヤ
英 He is more attentive than I thought.

彼の電話番号知りたいな。 *kare no denwabangō shiritai na.*

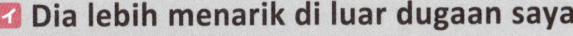 **Saya ingin tahu nomer te'lpon dia.**
サヤ インギン タウ ノムル テルポン ディア
英 I want his number.

彼とよく目が合うの。 *kare to yoku me ga auno.*

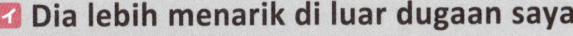 **Mata kami sering bertemu.**
マタ カミ スリン ブルトゥム
英 Our eyes seem to meet often.

彼、私のことどう思ってるのかしら？ *kare, watashi no koto dō omotteruno kashira ?*

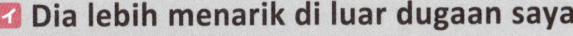 **Menurut dia, saya bagaimana ya ?**
ムヌルッ(ト) ディア サヤ バガイマナ ヤ
英 I wonder what he thinks of me.

私は背の高い人が好き。 *watashi wa se no takai hito ga suki.*

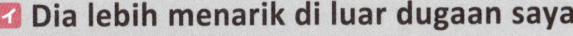 **Saya suka orang yang tinggi badannya.**
サヤ スカ オラン ヤン ティンギ バダンニャ
英 I prefer someone tall.

彼、優しいのよ。 *kare, yasashī noyo.*

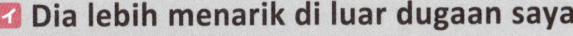 **Dia orangnya baik.**
ディア オランニャ バイッ(ク)
英 He's sweet.

出会い

デート

恋人同士

結婚

トラブル

♡ 友達同士

女の子達の会話

単語集

Waktu bertemu

Waktu kencan

Dengan pacar

Waktu menikah

Dalam kesulitan

Dangan teman

Kosakata

♥Percakapan wanita

彼氏募集中なの。 *kareshi boshūchū nano.*

🇮🇩 **Saya sedang mencari pacar.**
サヤ　　スダン　　ムンチャリ　　パチャル

🇬🇧 I'm looking for a new man in my life.

彼を落としてみせるわ。 *kare o otoshite miseru wa.*

🇮🇩 **Saya akan buat dia jatuh cinta kepada saya.**
サヤ　アカン　ブアッ(ト) ディア ジャトゥッ　チンタ　　クパダ　　サヤ

🇬🇧 I'll get him.

彼、どんな人？ *kare, don'na hito ?*

🇮🇩 **Dia, orangnya bagaimana ?**
ディア　　オランニャ　　バガイマナ

🇬🇧 What's your boyfriend like ?

口紅持ってる？ *kuchibeni motteru ?*

🇮🇩 **Bawa lipstick ?**
バワ　リィップスティッ(ク)

🇬🇧 Do you have any lipstick ?

あの女見て！ *ano on'na mite !*

🇮🇩 **Lihat wanita itu !**
リハッ(ト)　　ワニタ　　イトゥ

🇬🇧 Look at her !

あそこに座ってる男の人見て！
asoko ni suwatteru otoko no hito mite !

🇮🇩 **Lihat laki-laki yang duduk di sana !**
リハッ(ト)　ラキ - ラキ　　ヤン　　ドゥドゥッ(ク) ディ　サナ

🇬🇧 Look at that guy sitting over there !

生理痛の薬持ってる？ *sēritsū no kusuri motteru ?*

Bawa obat datang bulan ?
バワ　オバッ(ト)　ダタン　ブラン

英 I'm having my period. Do you have any pain killers ?

男って自分勝手ね。 *otokotte jibunkatte ne.*

Laki-laki selalu ingin menang sendiri.
ラキ・ラキ　スラル　インギン　ムナン　スンディリ

英 Men are selfish, aren't they ?

あの人は浮気っぽいわよ。 *ano hito wa uwakippoi wayo.*

Dia sepertinya orang yang suka selingkuh.
ディア　スプルティニャ　オラン　ヤン　スカ　スリンクッ

英 He's a player.

あの人にはもう彼女がいるわ。 *ano hito niwa mō kanojo ga iru wa.*

Dia sudah punya pacar.
ディア　スダッ　プニャ　パチャル

英 He already has someone.

彼、私に夢中みたい。 *kare, watashi ni muchū mitai.*

Dia sepertinya tergila-gila denganku.
ディア　スプルティニャ　トゥルギラ・ギラ　ドゥンガンク

英 He's crazy about me.

彼氏の友達紹介してよ。 *kareshi no tomodachi shōkai shite yo.*

Kenalkan temannya pacar kamu dong.
クナルカン　トゥマンニャ　パチャル　カム　ドン

英 What do you think of the guy sitting next to me ?

出会い

デート

恋人同士

結婚

トラブル

友達同士
♡女の子達の会話

単語集

Waktu bertemu

Waktu kencan

Dengan pacar

Waktu menikah

Dalam kesulitan

Dangan teman

Kosakata

♥ Percakapan wanita

私の隣に座ってる彼ってどんな人？

watashi no tonari ni suwatteru karette don'na hito ?

☑ **Laki-laki yang duduk di sebelahku,**
ラキ・ラキ　　ヤン　ドゥドゥッ(ク) ディ　　スブラク

orangnya bagaimana ?
オランニャ　　　　バガイマナ

英 Can you introduce me to your boyfriend's friend ?

あなたばかりモテるのね。　　　　*anata bakari moteru none.*

☑ **Selalu kamu yang dilirik orang.**
スラル　　　カム　　　ヤン　ディリリッ(ク) オラン

英 You always get all the attention.

男運無いわ。　　　　　　　　　*otokoun nai wa.*

☑ **Tidak ada jodoh.**
ティダ　　アダ　ジョドッ

英 I don't have any luck with men.

出会い

デート

恋人同士

結婚

トラブル

友達同士
女の子達の会話

単語集

男と女の
実用コラム

インドネシア人の女の子

　インドネシア人の女の子というのはどうして女の子同士で手を繋いで歩いたり、トイレに行くのも2人だったりで、1人で行動する事を怖がる傾向があるのでしょうか。タイでもフィリピンでもそうですが、個性溢れる女性が少なく、みんなと同じでありたい、恨みや嫉妬を買いたくないといった思いが強いようです。

　また自分が子供を産めるかどうかをとても気にします。子供ができない場合、結婚が難航するためです。

男の子達の会話
Percakapan laki-laki

CD
●
50

誰かいい子紹介しろよ。　　　　*dareka īko shōkai shiro yo.*

🇮🇩 **Ayo kenalkan saya sama gadis,**
アヨ　　クナルカン　　サヤ　　サマ　　ガディス

siapa saja yang baik.
スィアパ　サジャ　ヤン　バイッ(ク)

英 Can you hook me up with a hot little honey ?

ちくしょう、フラれた。　　　　*chikushō, furareta.*

🇮🇩 **Sialan, saya diputusin.**
スィアラン　　サヤ　ディプトゥスィン

英 Oh man ! She dumped me !

あの子、いいね。　　　　*ano ko, ī ne.*

🇮🇩 **Gadis itu cantik.**
ガディス　イトゥ　チャンティッ(ク)

英 She looks good.

彼女が好きなんだ。　　　　*kanojo ga suki nanda.*

🇮🇩 **Saya suka wanita itu ya.**
サヤ　　スカ　　ワニタ　イトゥ　ヤ

英 I like her.

Waktu bertemu

Waktu kencan

Dengan pacar

Waktu menikah

Dalam kesulitan

Dangan teman

Kosakata

♥**Percakapan laki-laki**

彼女、彼氏いるのかな？ *kanojo, kareshi iru nokana ?*

イ Mungkin dia sudah punya pacar ?
ムンキン　ディア　スダッ　プニャ　パチャル

英 Do you think she has a boyfriend ?

彼女に会いたいな。 *kanojo ni aitai na.*

イ Saya ingin ketemu dia.
サヤ　インギン　クトゥム　ディア

英 I want to see her.

あの子、スタイルいいね。 *ano ko, sutairu ī ne.*

イ Gadis itu gayanya bagus.
ガディス　イトゥ　ガヤニャ　バグス

英 She has a nice body.

あの子、優しいね。 *ano ko, yasashī ne.*

イ Gadis itu baik ya.
ガディス　イトゥ バイッ(ク) ヤ

英 She is sweet.

あの子、最近きれいになったと思わないか？ *ano ko, saikin kirē ni natta to omowanai ka ?*

イ Bagaimana menurut kamu,
バガイマナ　ムヌルッ(ト)　カム

gadis itu akhir-akhir ini jadi cantik ?
ガディス イトゥ アクヒル - アクヒル イニ ジャディ チャンティッ(ク)

英 Do you think she's looking better nowadays ?

出会い

デート

恋人同士

結婚

トラブル

♡ 男の子達の会話 友達同士

単語集

Waktu bertemu

Waktu kencan

Dengan pacar

Waktu menikah

Dalam kesulitan

Dangan teman

Kosakata

♥Percakapan laki-laki

彼女とデートしたいな。 *kanojo to dēto shitai na.*

🔁 **Aku mau kencan dengan dia.**
アク　マウ　クンチャン　ドゥンガン　ディア

英 I'd like to go out with her.

彼女の電話番号知ってる？ *kanojo no denwabangō shitteru ?*

🔁 **Tahu nomer te'lponnya ?**
タウ　ノムル　テルポンニャ

英 Do you know her number ?

彼女ともう寝たのか？ *kanojo to mō neta noka ?*

🔁 **Kamu sudah tidur sama dia ?**
カム　スダッ　ティドゥル　サマ　ディア

英 Have you slept with her yet ?

俺の彼女は最高だよ。 *ore no kanojo wa saikō dayo.*

🔁 **Pacarku adalah yang terbaik.**
パチャルク　アダラッ　ヤン　トゥルバイッ(ク)

英 My girlfriend is absolutely wonderful.

彼女、料理が上手いんだ。 *kanojo, ryōri ga umainda.*

🔁 **Dia itu pintar memasak.**
ディア イトゥ　ピンタル　ムマサッ(ク)

英 She's a good cook.

彼女エッチ上手い？ *kanojo ecchi umai ?*

🔁 **Pacar kamu se'ksnya bagaimana ?**
パチャル　カム　セックスニャ　バガイマナ

英 Is she good in bed ?

俺はオッパイの大きい子が好きなんだ。
ore wa oppai no ōkīko ga suki nanda.

イ Saya suka wanita yang punya payudara yang besar.
サヤ　スカ　ワニタ　ヤン　プニャ　パユダラ　ヤン　ブサル

英 I like women with big tits.

彼女オッパイでかいな。
kanojo oppai dekai na.

イ Perempuan itu payudaranya besar ya.
プルンプアン　イトゥ　パユダラニャ　ブサル　ヤ

英 She's got big tits.

彼女、俺に気があるんじゃないか？
kanojo, ore ni ki ga arun janai ka ?

イ Dia naksir saya ya ?
ディア　ナックスィル　サヤ　ヤ

英 I think she likes me.

あの女、性格ブスだよ。
ano on'na, sēkaku busu dayo.

イ Dia kelakuannya jele'k.
ディア　クラクアンニャ　ジュレッ（ク）

英 I don't like her personality.

俺はロングヘアーの子が好きなんだ。
ore wa ronguheā no ko ga suki nanda.

イ Saya suka gadis yang rambutnya panjang.
サヤ　スカ　ガディス　ヤン　ランブッ（ト）ニャ　パンジャン

英 I like women with long hair.

出会い
デート
恋人同士
結婚
トラブル
♡ 友達同士
男の子達の会話
単語集

Waktu bertemu

Waktu kencan

Dengan pacar

Waktu menikah

Dalam kesulitan

Dangan teman

Kosakata

♥ Percakapan laki-laki

あの女、ヤレそうだぜ。 *ano on'na, yaresō daze.*

イ Perempuan itu perempuan gampangan.
ブルンブアン　イトゥ　ブルンブアン　ガンバンガン
英 That girl is easy.

ナンパしに行こうぜ。 *nampa shini ikō ze.*

イ Ayo kita cari wanita.
アヨ　キタ　チャリ　ワニタ
英 Let's go pick up some girls.

ヤリたいな。 *yaritai na.*

イ Saya jadi kepengen nih.
サヤ　ジャディ　クペンゲン　ニッ
英 I want to get laid.

俺ってどう？ *orette dō ?*

イ Saya bagaimana ?
サヤ　バガイマナ
英 How do I look ?

タバコを吸う女は嫌いだな。 *tabako o sū on'na wa kirai dana.*

イ Saya tidak suka wanita merokok.
サヤ　ティダ　スカ　ワニタ　ムロコッ(ク)
英 I don't like women who smoke.

彼女とキスしたのかい？ *kanojo to kisu shitanokai ?*

イ Kamu pernah ciuman sama dia ?
カム　プルナッ　チウムアン　サマ　ディア
英 Did you kiss her ?

付録

男と女の単語集

Waktu bertemu

Waktu kencan

Dengan pacar

Waktu menikah

Dalam kesulitan

Dangan teman

Kosakata

愛	cinta	チンタ
愛嬌のある	pesona	プソナ
相性がいい	cocok	チョチョッ(ク)
愛情（気持ち）	rasa cinta	ラサチンタ
愛人	selingkuhan	スリンクハン
愛する	mencintai	ムンチンタイ
会う	bertemu	ブルトゥム
赤ちゃん	bayi	バイ
あがる（緊張する）	grogi	グロギ
明るい	terang	トゥラン
明るい（性格）	periang	プリアン
飽きる	bosan	ボサン
飽きっぽい	pembosan	プンボサン
諦める	menyerah	ムニュラッ
アクセサリー	akse'sori	アクセソリ
開ける	buka	ブカ
憧れる	kagum	カグム
朝［4～10時頃］	pagi	パギ
明後日	dua hari yang akan datang	ドゥア ハリ ヤン アカン ダタン
欺く	menipu	ムニプ
足	kaki	カキ
明日	be'sok	ベソッ(ク)
汗	keringat	クリンガッ(ト)
汗をかく	berkeringat	ブルクリンガッ(ト)
遊び	main	マイン
遊ぶ	bermain	ブルマイン
与える	memberi	ムンブリ
暖かい	hangat	ハンガッ(ト)
頭	kepala	クパラ
新しい	baru	バル
熱い、暑い	panas	パナス
厚かましい	tidak tahu diri	ティダ タウ ディリ

あどけない	polos	ポロス
穴	lubang	ルバン
あなた	anda	アンダ
兄	kakak laki-laki	カカッ(ク) ラキ・ラキ
姉	kakak perempuan	カカッ(ク) プルンプアン
甘い	manis	マニス
雨	hujan	フジャン
危ない	bahaya	バハヤ
アホ	be'go	ベゴ
怪しい	mencurigakan	ムンチュリガカン
謝る	minta maaf	ミンタ マアフ
洗う	cuci	チュチ
ありがとう	terima kasih	トゥリマ カスィッ
歩く	berjalan	ブルジャラン
安心する	merasa tenang	ムラサ トゥナン
安全な	aman	アマン
安全日	hari aman	ハリ アマン
案内する	memandu	ムマンドゥ
いい加減な	asal-asalan	アサル・アサラン
いいえ	tidak	ティダ
言い訳	alasan	アラサン
言う	bilang	ビラン
家	rumah	ルマッ
生きる	hidup	ヒドゥッ(プ)
行く	pergi	プルギ
いくつ?、いくら?	berapa	ブラパ
いじめる	menge'je'k	ムンゲジェッ(ク)
医者	dokter	ドクトゥル
意地悪な	jahil	ジャヒル
忙しい	sibuk	スィブッ(ク)
急ぐ	terburu-buru	トゥルブル・ブル
急いで!	cepat	チュパッ(ト)

出会い

デート

恋人同士

結婚

トラブル

友達同士

単語集

Waktu bertemu

Waktu kencan

Dengan pacar

Waktu menikah

Dalam kesulitan

Dangan teman

Kosakata

いたずら	iseng	イスン
痛み	sakit	サキッ(ト)
痛む	menyakitkan	ムニャキッ(ト)カン
市場	pasar	パサル
いつ？	kapan ?	カパン
いつか	kapan-kapan	カパン - カパン
いつから？	dari kapan ?	ダリ カパン
一回	satu kali	サトゥ カリ
一週間	satu minggu	サトゥ ミング
一所懸命	bersungguh-sungguh	ブルスングッ - スングッ
一緒に	bersama	ブルサマ
いつも	selalu	スラル
いっぱい	penuh	プヌッ
いとおしい	kangen	カングン
命	nyawa	ニャワ
今	sekarang	スカラン
意味	arti	アルティ
妹	adik perempuan	アディッ(ク) プルンプアン
嫌がる	merasa benci	ムラサ ブンチ
イヤリング	anting-anting	アンティン - アンティン
いらいらする	merasa kesal	ムラサ クサル
要らない	tidak perlu	ティダ プルル
入り口	pintu masuk	ピントゥ マスッ(ク)
いる（居る）	ada	アダ
いる（要る、必要）	perlu	プルル
入れる	masukkan	マスッカン
いろいろな	bermacam-macam	ブルマチャム - マチャム
色っぽい	se'ksi	セクスィ
印象	kusan	クサン
インドネシア	Indone'sia	インドネスィア
インドネシア語	bahasa Indone'sia	バハサ インドネスィア
インドネシア人	orang Indone'sia	オラン インドネスィア

上	atas	アタス
受ける	menerima	ムヌリマ
動かす	menggerakkan	ムングラカッカン
失う	kehilangan	クヒランガン
後ろ	belakang	ブラカン
嘘	bohong	ボホン
嘘をつく	berbohong	ブルボホン
疑う	keraguan	クラグアン
疑わしい	meragukan	ムラグカン
美しい	cantik	チャンティッ(ク)
うつ伏せ	tengkurap	トゥンクラッ(プ)
奪う	merebut	ムルブッ(ト)
上手い	pandai	パンダイ
産む	melahirkan	ムラヒルカン
裏切る	berkhinanat	ブルヒアナッ(ト)
恨む	membenci	ムンブンチ
羨ましい	iri	イリ
羨む（嫉妬する）	cemburu	チュンブル
うるさい	ribut	リブッ(ト)
嬉しい	senang	スナン
浮気	perselingkuhan	ブルスリンクハン
浮気する	selingkuh	スリンクッ
浮気な（性格）	peselingkuh	プスリンクッ
噂する	bergosip	ブルゴスィッ(プ)
うんざりする	muak	ムアッ(ク)
運命	takdir	タクディル
エアコン	AC	アセ
永遠に	abadi	アバディ
映画	film	フィルム
映画館	bioskop	ビオスコッ(プ)
笑顔	senyuman	スニュマン
駅	stasiun	スタスィウン

出会い
デート
恋人同士
結婚
トラブル
友達同士
単語集

203

Waktu bertemu

Waktu kencan

Dengan pacar

Waktu menikah

Dalam kesulitan

Dangan teman

Kosakata

エッチな	centil	チュンティル
選ぶ	pilih	ピリッ
援助	bantuan	バントゥアン
遠慮する	segan	スガン
遠慮しないで！	jangan segan	ジャンガン スガン
おいで！	ke sini	ク スィニ
美味しい	e'nak	エナッ（ク）
多い	banyak	バニャッ（ク）
大きい	besar	ブサル
犯す（犯罪、過失）	melakukan	ムラクカン
犯す（女性を）	memperkosa	ムンプルコサ
お金	uang	ウアン
起きる	terjadi	トゥルジャディ
起きる（目を覚ます）	bangun	バングン
送る	kirim	キリム
遅れる	terlambat	トゥルランバット
行う	melaksanakan	ムラクサナカン
怒る	marah	マラッ
おごる	mentraktir	ムントゥラクティル
教える	mengajarkan	ムンガジャルカン
おしゃべりする	mengobrol	ムンゴブロル
オシャレ	gaya	ガヤ
お世辞	basa-basi	バサ - バスィ
遅い	lambat	ランバッ（ト）
夫	suami	スアミ
弟	adik laki-laki	アディッ（ク）ラキ - ラキ
男	laki-laki	ラキ - ラキ
大人	de'wasa	デワサ
大人しい	kalem	カルム
踊る	menari	ムナリ
お腹	perut	プルッ（ト）
お腹がいっぱい	kenyang	クニャン

お腹がすく	lapar	ラパル
同じ	sama	サマ
覚える、覚えている	ingat	インガッ(ト)
おまえ	kamu	カム
おめでとう	selamat	スラマッ(ト)
重い	berat	ブラッ(ト)
思う	pikir	ピキル
面白い	menarik	ムナリッ(ク)
親	orang tua	オラン トゥア
おやすみなさい	selamat tidur	スラマッ(ト) ティドゥル
終わる	selesai	スルゥサイ
音楽	musik	ムスィッ(ク)
女	perempuan	ブルンプアン

か

外国	luar negeri	ルアル ヌグリ
外国人	orang asing	オラン アスィン
会社	perusahaan	ブルサハアン
会社員 [男 / 女]	karyawan / karyawati	カルヤワン / カルヤワティ
ガイド	pemandu	ブマンドゥ
買い物	belanja	ブランジャ
快楽	kenikmatan	クニクマタン
会話	pembicaraan	ブンピチャラアン
買う	beli	ブリ
返す	kembalikan	クンバリカン
帰る	pulang	ブラン
顔	wajah	ワジャッ
香り	aroma	アロマ
鍵	kunci	クンチ
書く	tulis	トゥリス

出会い

デート

恋人同士

結婚

トラブル

友達同士

単語集

Waktu bertemu

Waktu kencan

Dengan pacar

Waktu menikah

Dalam kesulitan

Dangan teman

Kosakata

嗅ぐ	mencium	ムンチウム
隠す	sembunyikan	スンブニィカン
学生	siswa / siswi	スィスワ / スィスウィ
隠れる	bersembunyi	ブルスンブニィ
駆け落ち	kawin lari	カウィン ラリ
過去	lalu	ラル
傘	payung	パユン
賢い	bijak	ビジャッ(ク)
貸す	pinjamkan	ピンジャムカン
風邪を引く	masuk angin	マスッ(ク) アンギン
稼ぐ	mencari uang	ムンチャリ ウアン
数える	mengajarkan	ムンガジャルカン
家族	keluarga	クルアルガ
硬い	keras	クラス
片思い	cinta tak berbalas	チンタ タッ(ク) ブルバラス
勝つ	menang	ムナン
がっかりする	kece'wa	クチェワ
格好いい	tampan	タンパン
勝手な	e'gois	エゴイス
家庭	rumah tangga	ルマッ タンガ
悲しい、残念な	sedih	スディッ
必ず	pasti	パスティ
金持ち	orang kaya	オラン カヤ
彼女（恋人）	pacar perempuan	パチャル ブルンブアン
彼女（第三者）	dia	ディア
我慢する	sabar	サバル
我慢できる？	bisa sabar ?	ビサ サバル
我慢できない	tidak bisa sabar	ティダ ビサ サバル
紙	kertas	クルタス
噛む（がぶりと）	gigit	ギギッ(ト)
噛む（もぐもぐと）	kunyah	クニャッ
カメラ	kame'ra	カメラ

206

身体	tubuh	トゥブッ
借りる	pinjam	ピンジャム
軽い	ringan	リンガン
軽はずみな	gegabah	ググバッ
彼（恋人）	pacar laki-laki	パチャル ラキ‐ラキ
彼（第三者）	dia	ディア
かわいい	manis	マニス
かわいそう	kasihan	カスィハン
乾かす	keringkan	クリンカン
考え	pikiran	ピキラン
考える	berpikir tentang	ブルピキル トゥンタン
感覚	rasa	ラサ
関係	hubungan	フブンガン
関係ない	tidak ada hubungan	ティダ アダ フブンガン
観光	pariwisata	パリウィサタ
感謝	syukur	シュクル
勘定	kalkulasi	カルクラスィ
感じる	merasa	ムラサ
関心を持つ	merasa tertarik	ムラサ トゥルタリッ(ク)
簡単な	mudah	ムダッ
勘違いする	salah paham	サラッ パハム
感動的な	berkesan	ブルクサン
乾杯	bersulang	ブルスラン
頑張る	bekerja keras	ブクルジャクラス
気が合う	sifat cocok	スィファッ(ト) チョチョッ(ク)
機会	kesempatan	クスンパタン
着替える	ganti baju	ガンティ バジュ
聞く	mendengar	ムンドゥンガル
危険	bahaya	バハヤ
機嫌	perasaan	プラサアン
機嫌がいい	perasaan senang	プラサアン スナン
機嫌が悪い	perasaan tidak senang	プラサアン ティダ スナン

キス	ciuman	チウマン
キスする	mencium	ムンチウン
傷つける	menyakiti	ムニャキティ
期待する	mengharapkan	ムンハラッ(プ)カン
帰宅する	pulang ke rumah	プラン ク ルマッ
汚い	kotor	コトル
気に入る	menyukai	ムニュカイ
気にする	mempedulikan	ムンプドゥリカン
記念日	hari peringatan	ハリ プリンガタン
昨日	kemarin	クマリン
厳しい	tegas	トゥガス
気分	perasaan	プラサアン
希望	harapan	ハラパン
希望する	berharap	ブルハラッ(プ)
決める	memutuskan	ムムトゥスカン
気持ち	perasaan	プラサアン
休息	istirahat	イスティラハッ(ト)
今日	hari ini	ハリ イニ
教会	gere'ja	グレジャ
兄弟	saudara	サウダラ
興味がある	tertarik	トゥルタリッ(ク)
協力	bekerja sama	ブクルジャ サマ
拒否する	menolak	ムノラッ(ク)
嫌い	tidak suka	ティダ スカ
切る	potong	ポトン
着る	pakai	パカイ
綺麗な	cantik	チャンティッ(ク)
禁止	dilarang	ディララン
緊張する	tegang	トゥガン
偶然	tidak sengaja	ティダ スンガジャ
偶然に	secara tidak sengaja	スチャラ ティダ スンガジャ
臭い	bau	バウ

208

くすぐる	mengelitiki	ムングリティキ
くすぐったい	geli	グリ
薬	obat	オバッ(ト)
糞	buang air besar	ブアン アイル ブサル
ください	tolong	トロン
口	mulut	ムルッ(ト)
口移し	menyuap dari mulut ke mulut	ムニュアッ(プ) ダリ ムルッ(ト) ク ムルッ(ト)
口が上手い	pandai bicara	パンダイ ビチャラ
唇	bibir	ビビル
口紅	lipstik	リッ(プ)スティッ(ク)
靴	sepatu	スパトゥ
靴下	kaos kaki	カオス カキ
口説く	merayu	ムラユ
国	negara	ヌガラ
首	le'he'r	レヘル
暗い	gelap	グラッ(プ)
暮らす	hidup	ヒドゥッ(プ)
来る	datang	ダタン
狂う	jadi gila	ジャディ ギラ
苦しい	menyakitkan	ムニャキッ(ト)カン
苦しむ	menderita	ムンドゥリタ
車	mobil	モビル
毛	rambut	ランブッ(ト)
携帯電話	HP / handphone	ハペ / ヘンフォン
警官	polisi / polwan	ポリスィ / ポルワン
警察署	kantor polisi	カントル ポリスィ
軽蔑する	merendahkan	ムルンダフカン
怪我	luka	ルカ
化粧する	merias muka	ムリアス ムカ
消す	menghapus	ムンハプス
けち	pelit	プリッ(ト)
月給	gaji bulanan	ガジ ブラナン

出会い

デート

恋人同士

結婚

トラブル

友達同士

単語集

Waktu bertemu

Waktu kencan

Dengan pacar

Waktu menikah

Dalam kesulitan

Dangan teman

Kosakata

結婚式	upacara pernikahan	ウパチャラ プルニカハン
結婚する	menikah	ムニカッ
決心する	memutuskan	ムムトゥスカン
欠点	kekurangan	クルランガン
結論	kesimpulan	クスィンプラン
下品な	vulgar	フルガル
蹴る	tendang	トゥンダン
原因	penyebab	プニュバブ
喧嘩する	bertengkar	ブルトゥンカル
元気な	se'hat	セハッ(ト)
元気ですか？	apa kabar ?	アパ カバル
元気を出せ！	semangat ya !	スマンガッ(ト)ヤ
恋しい	sayang	サヤン
恋する	mencintai	ムンチンタイ
恋人	pacar	パチャル
好意	rasa suka	ラサ スカ
行為	tindakan	ティンダカン
後悔する	menyesal	ムニュサル
豪華な	me'wah	メワッ
交換する	tukar	トゥカル
交際する	berpacaran	ブルパチャラン
香水	parfum	パルフム
幸福な	kebahagiaan	クバハギアアン
興奮する	bergairah	ブルガイラッ
興奮させる	menggairahkan	ムンガイラッカン
口論する	bertengkar	ブルトゥンカル
声	suara	スアラ
声が大きい	suara besar	スアラ ブサル
声が小さい	suara kecil	スアラ クチル
氷	e's	エス
誤解する	salah paham	サラッ パハム
呼吸する	bernapas	ブルナパス

国際電話	SLI / Sambungan Langsung Inte'rnasional	エスエルイ / サンブンガン ランスン イントゥルナスィオナル
国籍	kewarganegaraan	クワルガヌガラアン
告白	pengakuan	プンガクアン
ここ	sini	スィニ
心地よい	hati nyaman	ハティ ニャマン
心	hati	ハティ
腰	pinggang	ピンガン
答える	jawab	ジャワブ
孤独	kesendirian	クスンディリアン
孤独な	kesepian	クスピアン
今年	tahun ini	タフン イニ
子供	anak	アナッ(ク)
子供っぽい	kekanakan	クカナカン
断る	menolak	ムノラッ(ク)
この	ini	イニ
この後	sesudah ini	ススダッ イニ
この前	sebelum ini	スブルム イニ
ご飯	nasi	ナスィ
困る	susah	スサッ
ごみ	sampah	サンパッ
ごめんなさい	maaf	マアフ
これ	ini	イニ
怖い	takut	タクッ(ト)
今回	kali ini	カリ イニ
今月	bulan ini	ブラン イ―
今週	minggu ini	ミング イニ
今度	nanti	ナンティ
こんにちは [11〜15時頃]	selamat siang	スラマッ(ト) スィアン
こんにちは [15〜18時頃]	selamat sore'	スラマッ(ト) ソレ
今晩、今夜	malam ini	マラム イニ
婚約	pertunangan	プルトゥナンガン
婚約する	bertunangan	プルトゥナンガン

出会い
デート
恋人同士
結婚
トラブル
友達同士
単語集

Waktu bertemu
Waktu kencan
Dengan pacar
Waktu menikah
Dalam kesulitan
Dengan teman
Kosakata

最悪	terburuk	トゥルブルッ(ク)
再会する	bertemu kembali	ブルトゥム クンバリ
最近	akhir-akhir ini	アクヒル - アクヒル イニ
最後	terakhir	トゥルアクヒル
最高	terbaik	トゥルバイッ(ク)
最初	pertama	ブルタマ
サイズ	ukuran	ウクラン
探す	mencari	ムンチャリ
魚	ikan	イカン
逆らう	melawan	ムラワン
昨夜	kemarin malam	クマリン マラム
酒	minuman keras	ミヌマン クラス
誘う	mengundang	ムングンダン
さっき	tadi	タディ
寂しい	kesepian	クスピアン
寒い	dingin	ディンギン
去る	meninggalkan	ムニンガルカン
触る	sentuh	スントゥッ
残念	sayangnya	サヤンニャ
散歩	jalan-jalan	ジャラン - ジャラン
幸せ	kebahagiaan	クバハギアアン
シーツ	sepre'i	スプレイ
仕送りする	kirim uang	キリム ウアン
しかし	tetapi	トゥタピ
時間	jam	ジャム
事故	kecelakaan	クチュラカアン
仕事	pekerjaan	プクルジャアン
自信	percaya diri	プルチャヤ ディリ
静かな	sepi	スピ
下	bawah	バワッ
下着	baju dalam	バジュ ダラム
舌	lidah	リダッ

212

しつこい	gigih	ギギッ
嫉妬する	cemburu	チュンブル
失恋	patah hati	パタッ ハティ
支払う	bayar	バヤル
自分勝手	see'naknya sendiri	スエナクニャ スンディリ
姉妹	saudara	サウダラ
閉まる	tutup	トゥトゥッ(プ)
自慢する	pame'r	パメル
地味な	seadanya	スアダニャ
写真	foto	フォト
社長	dire'ktur utama	ディレッ(ク)トゥル ウタマ
借金	utang	ウタン
喋る	bicara	ビチャラ
シャワー	showe'r	ショウェル
シャワーを浴びる	mandi	マンディ
シャンプー	sampo	サンポ
自由	kebe'basan	クベバサン
住所	alamat	アラマッ(ト)
執着する	melekat	ムルカッ(ト)
収入	pendapatan	プンダパタン
重要な	penting	プンティン
出産する	melahirkan	ムラヒルカン
主婦	ibu rumah tangga	イブ ルマッ タンガ
趣味	hobi	ホビ
純粋な	murni	ムルー
紹介する	mengenalkan	ムングナルカン
正直な	jujur	ジュジュル
上手な	pandai	パンダイ
冗談	candaan	チャンダアン
冗談を言う	bercanda	ブルチャンダ
将来	masa depan	マサ ドゥパン
食事	makanan	マカナン

出会い
デート
恋人同士
結婚
トラブル
友達同士
単語集

Waktu bertemu

Waktu kencan

Dengan pacar

Waktu menikah

Dalam kesulitan

Dangan teman

Kosakata

知らせる	memberitahu	ムンブリタウ
尻	pantat	パンタッ(ト)
知る	tahu	タウ
深刻な	serius	スリウス
真実	kebenaran	クブナラン
信じる	percaya	プルチャヤ
人生	kehidupan	クヒドゥパン
親切な	ramah	ラマッ
心配する	khawatir	カワティル
深夜	larut malam	ラルッ(ト) マラム
親友	sahabat	サハバッ(ト)
信用	percaya	プルチャヤ
吸う	hisap	ヒサッ(プ)
図々しい	keterlaluan	クトゥルラルアン
スーパーマーケット	super marke't	スパル マルケッ(ト)
スカート	rok	ロッ(ク)
好き（好み）	suka	スカ
好き（愛情を持って）	sayang	サヤン
すぐに	segera	スグラ
スケベ	ngeres	グルス
少し	sedikit	スディキッ(ト)
少しずつ	sedikit demi sedikit	スディキッ(ト) ドゥミ スディキッ(ト)
過ごす	menghabiskan	ムンハビスカン
スチュワーデス	pramugari	プラムガリ
ずっと	selamanya	スラマニャ
素敵な	bagus	バグス
捨てる	buang	ブアン
ストッキング	stoking	ストキン
すねる	ngambe'k	ガンベッ(ク)
素晴らしい	he'bat	ヘバッ(ト)
すべて	semua	スムア
スポーツ	olahraga	オラ―ラガ

214

ズボン	celana	チュラナ
住む	tinggal	ティンガル
する	mengerjakan	ムングルジャカン
ずるい	curang	チュラン
座る	duduk	ドゥドゥッ(ク)
性格	karakter	カラッ(ク)トゥル
生活	kehidupan	クヒドゥパン
生活する	hidup	ヒドゥッ(プ)
生活費	biaya hidup	ビアヤ ヒドゥッ(プ)
成功する	sukse's	スクセス
正常な	normal	ノルマル
贅沢な	me'wah	メワッ
生年月日	tanggal lahir	タンガル ラヒル
生理	haid	ハイッ(ド)
生理用品	pembalut	プンバルッ(ト)
世界	dunia	ドゥニア
席	kursi	クルスィ
責任	tanggung jawab	タングン ジャワブ
責任がある	ada tanggung jawab	アダ タングン ジャワブ
積極的な	aktif	アッ(ク)ティフ
石鹸	sabun	サブン
絶対に	pasti	パスティ
説明する	menjelaskan	ムンジュラスカン
背中	punggung	プングン
世話する	merawat	ムラワッ(ト)
先月	bulan lalu	ブラン ラル
先日	kemarin	クマリン
先週	minggu lalu	ミング ラル
全身	seluruh tubuh	スルルッ トゥブッ
先生	guru	グル
洗濯する	mencuci	ムンチュチ
全部	semua	スムア

Waktu bertemu
Waktu kencan
Dengan pacar
Waktu menikah
Dalam kesulitan
Dangan teman
Kosakata

爽快な	segar	スガル
送金	transfer uang	トランスフゥル ウアン
想像する	membayangkan	ムンバヤンカン
相談する	berkonsultasi	ブルコンスルタスィ
そこ	situ	スィトゥ
そして	kemudian	クムディアン
育てる	memelihara	ムムリハラ
外	luar	ルアル
側に	di sebelah	ディ スプラッ
尊敬する	menghormati	ムンホルマティ

た

退屈な	membosankan	ムンボサンカン
滞在する	tinggal bersama	ティンガル プルサマ
大丈夫	tidak apa-apa	ティダ アパ - アパ
大切な	penting	プンティン
怠惰な	malas	マラス
態度	sikap	スィカッ(プ)
タイプ	tipe	ティプ
大変な	sulit	スリッ(ト)
耐える	tahan	タハン
タオル	handuk	ハンドゥッ(ク)
倒れる	roboh	ロボッ
高い（値段）	mahal	マハル
高い（高さ）	tinggi	ティンギ
宝物	barang berharga	バラン プルハルガ
抱く	peluk	プルッ(ク)
たくさん	banyak	バニャッ(ク)
出す	mengeluarkan	ムングルアルカン
助ける	menolong	ムノロン

216

訪ねる	berkunjung	ブルクンジュン
尋ねる	bertanya	ブルタニャ
ただ（一人）	hanya	ハンヤ
堕胎	aborsi	アボルスィ
立つ	berdiri	ブルディリ
例えば	contoh	チョントッ
他人	orang lain	オラン ライン
楽しい	gembira	グンビラ
楽しむ	menantikan	ムナンティカン
頼む	meminta	ムミンタ
タバコ	rokok	ロコッ(ク)
ダブルベッド	dobel be'd	ダブル ベッド
多分	mungkin	ムンキン
食べる	makan	マカン
騙す	menipu	ムニプ
ために	untuk	ウントゥッ(ク)
誰？	siapa	スィアパ
誰を？	siapa yang di～？	スィアパ ヤン ディ～
誰か	siapakah	スィアパカッ
単純な	sederhana	スドゥルハナ
誕生日	hari ulang tahun	ハリ ウラン タフン
誕生日おめでとう	selamat ulang tahun	スラマッ(ト) ウラン タフン
小さい	kecil	クチル
近い	dekat	ドゥカッ(ト)
違い	perbe'daan	プルベダアン
誓う	bersumpah	ブルスンパッ
違う	berbe'da	ブルベダ
痴漢	pelaku pele'ce'han se'ksual	プラク プレチェハン セクスアル
遅刻する	terlambat	トゥルランバッ(ト)
地図	pe'ta	ペタ
父	bapak	ババッ(ク)
チャンス	kesempatan	クスンパタン

出会い
デート
恋人同士
結婚
トラブル
友達同士
単語集

217

Waktu bertemu

Waktu kencan

Dengan pacar

Waktu menikah

Dalam kesulitan

Dangan teman

Kosakata

注文する	pesan	プサン
丁度	pas	パス
ちょっと	sedikit	スディキッ(ト)
沈黙する	membisu	ムンビス
付いて行く	ikut	イクッ(ト)
ツインルーム	twin room	トゥイン ルム
ツーリスト	turis	トゥリス
使う	pakai	パカイ
疲れる	cape'	チャペ
着く	tiba	ティバ
作る	membuat	ムンブアッ(ト)
続ける	melanjutkan	ムランジュッ(ト)カン
常に	selalu	スラル
唾	air liur	アイル リウル
妻	isteri	イストゥリ
つまらない	membosankan	ムンボサンカン
冷たい	dingin	ディンギン
強い	kuat	クアッ(ト)
つらい	menderita	ムンドゥリタ
連れて行く	mengajak	ムンガジャッ(ク)
手	tangan	タンガン
出会い	pertemuan	プルトゥムアン
出会う	bertemu	プルトゥム
デートする	kencan	クンチャン
出かける	berpergian	プルプルギアン
出来る	bisa	ビサ
出口	pintu keluar	ピントゥ クルアル
出る	keluar	クルアル
照れる	malu-malu	マルマル
店員	pramuniaga	プラムニアガ
天気	cuaca	チュアチャ
電話	te'le'pon	テレポン

電話する	mene'le'pon	ムネレポン
同居する	tinggal bersama	ティンガル プルサマ
どうして？	kenapa ?	クナパ
同情する	bersimpati	プルスィンパティ
どうすればいい？	sebaiknya bagaimana ?	スバイックニャバガイマナ
どうぞ	silakan	スィラカン
盗難	pencurian	プンチュリアン
遠い	jauh	ジャウッ
ドキドキする	berdebar-debar	ブルドゥバル - ドゥバル
独身	bujangan	ブジャンガン
特に	terutama	トゥルタマ
特別な	istime'wa	イスティメワ
何処？	mana ?	マナ
年	tahun	タフン
年上の	lebih tua	ルゥビッ トゥア
年下の	lebih muda	ルゥビッ ムダ
隣	sebelah	スブラッ
どのくらい？	seberapa ?	スブラパ
飛ぶ	terbang	トゥルバン
泊まる	menginap	ムンギナッ(プ)
友達	teman	トゥマン
取り替える	mengganti	ムンガンティ
どれ？	yang mana ?	ヤン マナ

Waktu bertemu

Waktu kencan

Dengan pacar

Waktu menikah

Dalam kesulitan

Dangan teman

Kosakata

無い	tidak ada	ティダ アダ
ナイトクラブ	klub malam	クルブ マラム
中	dalam	ダラム
長い	panjang	パンジャン
流れる	mengalir	ムンガリル
泣く	menangis	ムナンギス
慰める	menghibur	ムンヒブル
失くす	kehilangan	クヒランガン
情けない	memalukan	ムマルカン
なぜ？	kenapa ?	クナパ
懐かしい	nostalgia	ノスタルギア
何？	apa ?	アパ
名前	nama	ナマ
舐める	menjilat	ムンジタッ(ト)
涙	air mata	アイル マタ
悩む	khawatir	カワティル
習う	belajar	ブラジャル
何歳？	umur berapa ?	ウムル ブラパ
何時？	jam berapa ?	ジャム ブラパ
何でもいい	apa saja	アパ サジャ
何でもない	tidak apa-apa	ティダ アパ - アパ
ナンパ	iseng	イスン
似合う	serasi	スラスィ
匂い	bau	バウ
匂いがする	berbau	ブルバウ
憎む	benci	ブンチ
逃げる	melarikan diri	ムラリカン ディリ
日本	jepang	ジュパン
妊娠	kehamilan	クハミラン
妊娠する	hamil	ハミル
ヌードの	telanjang	トゥランジャン
脱ぐ	buka	ブカ

盗む	mencuri	ムンチュリ
濡れる	basah	バサッ
願う	memohon	ムモホン
ネックレス	kalung	カルン
眠たい	mengantuk	ムンガントゥッ(ク)
寝る	berbaring	ブルバリン
年齢	usia	ウスィア
望み	harapan	ハラパン
望む	mengharapkan	ムンハラッ(プ)カン
喉	tenggorokan	トゥンゴロカン
喉が渇く	haus	ハウス
登る	mendaki	ムンダキ
飲む	minum	ミヌム
乗る	naik	ナイッ(ク)
のんきな	santai	サンタイ

は

歯	gigi	ギギ
入る	masuk	マスッ(ク)
馬鹿野郎	bre'ngse'k	ブレンセッ(ク)
激しい	kuat	クアッ(ト)
初めて	pertama	プルタマ
始める	mulai	ムライ
恥ずかしい	malu	マル
肌	kulit	クリッ(ト)
働く	bekerja	ブクルジャ
初恋	cinta pertama	チンタ プルタマ
派手な	mente're'ng	ムンテレン
花	bunga	ブンガ

出会い

デート

恋人同士

結婚

トラブル

友達同士

単語集

Waktu bertemu

Waktu kencan

Dengan pacar

Waktu menikah

Dalam kesulitan

Dangan teman

Kosakata

話す	berbicara	ブルビチャラ
母	ibu	イブ
早い、速く	cepat	チュパッ(ト)
ハンサムな	tampan	タンパン
半分	setengah	ストゥンガッ
パンツ（下着）	celana dalam	チュラナ ダラム
ピアス	anting-anting	アンティン・アンティン
惹かれる	tertarik	トゥルタリッ(ク)
引く	tarik	タリッ(ク)
低い	rendah	ルンダッ
ビザ	visa	フィサ
美人	orang cantik	オラン チャンティッ(ク)
左	kiri	キリ
びっくりする	kage't	カゲッ(ト)
びっくりさせる	mengage'tkan	ムンガゲッ(ト)カン
ひとつ	satu	サトゥ
一目惚れ	cinta pada pandangan pertama	チンタ パダ パンダンガン ブルタマ
一人	sendiri	スンディリ
暇	senggang	スンガン
秘密	rahasia	ラハスィア
病院	rumah sakit	ルマッ サキッ(ト)
病気	sakit	サキッ(ト)
病気になる	jatuh sakit	ジャトゥッ サキッ(ト)
開く	buka	ブカ
昼［１１〜１５時頃］	siang	スィアン
広い	luas	ルアス
貧乏	miskin	ミスキン
無愛想な	tidak ramah	ティダ ラマッ
不安	tidak tenang	ティダ トゥナン
ファスナー	re'sle'ting	レスレティン
ファッション	fashion	フェイシュン
フィアンセ	tunangan	トゥナンガン

不一致	tidak cocok	ティダ チョチョッ(ク)
夫婦	suami isteri	スアミ イストゥリ
プール	kolam renang	コラム ルナン
深い	dalam	ダラム
不快な	tidak nyaman	ティダ ニャマン
不可能	mustahil	ムスタヒル
不機嫌な	dongkol	ドンコル
吹く	tiup	ティウッ(ブ)
拭く	lap	ラッ(ブ)
複雑な	rumit	ルミッ(ト)
服装	pakaian	パカイアン
含む（口に）	mengulum	ムングルム
不幸	sial	スィアル
防ぐ	mencegah	ムンチュガッ
不足	kekurangan	クルランガン
不足する	kurang	クラン
再び	lagi	ラギ
普通の	biasa	ビアサ
不都合	ketidaknyamanan	クティガッ(ク)ニャマナン
太い	gemuk	グムッ(ク)
不平	keluhan	クルハン
ブラジャー	bh	ベハ
古い	lama	ラマ
震える	menggigil	ムンギギル
プレゼント	hadiah	ハディアッ
風呂	mandi	マンディ
プロポーズ	melamar	ムラマル
雰囲気	suasana	スアサナ
ペア	pasangan	パサンガン
屁	kentut	クントゥッ(ト)
平気な	tak apa-apa	タッ(ク) アパ - アパ
へそ	pusar	プサル

出会い
デート
恋人同士
結婚
トラブル
友達同士
単語集

223

Waktu bertemu

Waktu kencan

Dengan pacar

Waktu menikah

Dalam kesulitan

Dangan teman

Kosakata

下手な	bodoh	ボドッ
別居	pisah tinggal	ピサッ ティンガル
ベッド	tempat tidur	トゥンパッ(ト) ティドゥル
部屋	kamar	カマル
変な	ane'h	アネッ
便所	toile't	トイレッ(ト)
変態	mesum	ムスム
便利な	praktis	プラクティス
訪問する	berkunjung	ブルクンジュン
抱擁	peluk	プルッ(ク)
暴力	kekerasan	ククラサン
頬	pipi	ピピ
他の	yang lain	ヤン ライン
保険	asuransi	アスランスィ
欲しい	ingin	インギン
細い	kurus	クルス
ホテル	hote'l	ホテル
殆んど	hampir	ハンピル
微笑む	tersenyum	トゥルスニュム
褒める	memuji	ムムジ
本気の	serius	スリウス
本当に	benar-benar	ブナル・ブナル

ま

毎朝	setiap pagi	スティアッ(プ) パギ
毎日	setiap hari	スティアッ(プ) ハリ
毎年	setiap tahun	スティアッ(プ) タフン
前に	di depan	ディ ドゥパン
曲がる	be'lok	ベロッ(ク)
枕	bantal tidur	バンタル ティドゥル
負ける	kalah	カラッ
真心のある	sepenuh hati	スプヌッ ハティ
貧しい	miskin	ミスキン
まだ	belum	ブルム
または	atau	アタウ
間違い	kesalahan	クサラハン
間違える	salah	サラッ
待つ	menunggu	ムヌング
マッサージ	pijat	ピジャッ(ト)
間抜け	bodoh	ボドッ
守る	melindungi	ムリンドゥンギ
麻薬	narkotika	ナルコティカ
真夜中	tengah malam	トゥンガッ マラム
満足する	puas	プアス
見える	terlihat	トゥルリハッ(ト)
見送る	mengantar	ムンガンタル
右	kanan	カナン
未婚の	bujang	ブジャン
短い	pe'nde'k	ペンデッ(ク)
水	air putih	アイル プティッ
見つける	menemukan	ムヌムカン
密接な	erat	ウラッ(ト)
見つめる	memandang	ムマンダン
醜い	jele'k	ジュレッ(ク)
耳	telinga	トゥリンガ
未来	masa depan	マサ ドゥパン

出会い

デート

恋人同士

結婚

トラブル

友達同士

単語集

Waktu bertemu

Waktu kencan

Dengan pacar

Waktu menikah

Dalam kesulitan

Dangan teman

Kosakata

魅力	pesona	プソナ
魅力的な	mempesona	ムンプソナ
見る	melihat	ムリハッ(ト)
昔	dulu	ドゥル
むかつく	menyebalkan	ムニュバルカン
難しい	sulit	スリッ(ト)
無駄な	sia-sia	スィア - スィア
夢中になる	tergila-gila	トゥルギラ - ギラ
無理な	mustahil	ムスタヒル
無料の	gratis	グラティス
目	mata	マタ
迷惑	gangguan	ガングアン
メガネ	kacamata	カチャマタ
目覚める	bangun	バングン
珍しい	langka	ランカ
メッセージ	pesan	プサン
面倒な	re'pot	レポッ(ト)
面倒をかける	mere'potkan	ムレポッ(ト)カン
もう	lagi	ラギ
燃える	terbakar	トゥルバカル
モーテル	mote'l	モテル
目的	tujuan	トゥジュアン
もしもし［電話での呼びかけ］	halo	ハロ
モダンな	mode'rn	モデルン
持つ［所有］	punya	プニャ
もったいない	mubazir	ムバジル
もっと	lebih	ルッビッ
モテる	popule'r	ポプレル
モデル	mode'l	モデル
戻る	kembali	クンバリ
物	benda	フンダ
揉む	meremas	ムルマス

文句	keluhan	クルハン
問題	masalah	マサラッ

やあ（呼びかけ）	hai	ハイ
喧しい	berisik	ブリスィッ(ク)
夜間の	malam	マラム
訳す	menerjemahkan	ムヌルジュマッカン
約束	janji	ジャンジ
約束を破る	melanggar janji	ムランガル ジャンジ
やさしい	baik	バイッ(ク)
安い	murah	ムラッ
休み	istirahat	イスティラハッ(ト)
休む	beristirahat	ブルイスティラハッ(ト)
やせている	kurus	クルス
薬局	apote'k	アポテッ(ク)
破る	merobe'k	ムロベッ(ク)
辞める	berhenti	ブルフンティ
柔らかい	le'mbut	ルゥンブッ(ト)
唯一の	satu-satunya	サトゥ-サトゥニャ
夕［１６〜１８時頃］	sore'	ソレ
勇敢な	berani	ブラニ
郵便	pos	ポス
有名な	terkenal	トゥルクナル
ユーモア	humor	フモル
ゆっくり	pelan-pelan	プラン-プラン
指	jari	ジャリ
指輪	cincin	チンチン
夢	mimpi	ミンピ
緩い	longgar	ロンガル

出会い

デート

恋人同士

結婚

トラブル

友達同士

単語集

227

Waktu bertemu

Waktu kencan

Dengan pacar

Waktu menikah

Dalam kesulitan

Dangan teman

Kosakata

許す	mengizinkan	ムンギジンカン
良い	baik	バイッ(ク)
酔う	mabuk	マブッ(ク)
用意する	menyediakan	ムニュディアカン
要求	meminta	ムミンタ
用事	urusan	ウルサン
欲求	nafsu	ナフス
汚す	mengotori	ムンゴトリ
横たわる	berbaring	ブルバリン
呼ぶ	panggil	パンギル
読む	baca	バチャ
予約	re'servasi	レスルファスィ
予約する	memesan	ムムサン
夜 [19〜3時頃]	malam	マラム
喜ぶ	senang	スナン
弱い	lemah	ルゥマッ

ら

来月	bulan depan	ブラン ドゥパン
来週	minggu depan	ミング ドゥパン
来年	tahun depan	タフン ドゥパン
理解する	memahami	ムマハミ
離婚	perceraian	ブルチュライアン
離婚する	bercerai	ブルチュライ
理由	alasan	アラサン
料理する	masak	マサッ(ク)
旅行	perjalanan	ブルジャラナン
留守	abse'n	アブセン
連絡する	menghubungi	ムンフブンギ
恋愛	cinta	チンタ

| 労働する | bekerja | ブクルジャ |
| ロマンティックな | romantis | ロマンティス |

猥褻な	bicara jorok	ビチャラ ジョロッ(ク)
猥談	pembicaraan jorok	ブンビチャラアン ジョロッ(ク)
ワイン	wine	ワイン
若い	muda	ムダ
わがまま	e'gois	エゴイス
別れる	putus	プトゥス
わくわくする	mendebarkan	ムンドゥバルカン
わざと	dengan sengaja	ドゥンガン スンガジャ
わざわざ	sengaja	スンガジャ
忘れる	lupa	ルパ
私	saya	サヤ
笑い	tawa	タワ
笑う	tertawa	トゥルタワ
悪い	buruk	ブルッ(ク)
悪口	gosip buruk	ゴスィッ(プ) ブルッ(ク)

出会い
デート
恋人同士
結婚
トラブル
友達同士
単語集

なかなか人には聞けない単語

Waktu bertemu

Waktu kencan

Dengan pacar

Waktu menikah

Dalam kesulitan

Dangan teman

Kosakata

男性器（penis/dick/cock）	pe'nis	ペニス
女性器（vagina/pussy/cunt）	vagina	ヴァギナ
陰核（clitoris/bud）	klitoris	クリトリス
陰毛（pubes/minge/bush）	pubis	プビス
睾丸（testicle/ball/nuts）	te'stis	テスティス
子宮（womb/uterus）	rahim	ラヒム
卵巣（ovary）	ovarium	オヴァリウム
乳首（nipple）	puting	プティン
乳房（tits/chichis/hooters）	payudara	パユダラ
バスト（bust）	dada	ダダ
精液（semen/sperm/jism/jizz）	spe'rma	スペルマ
愛液（pussy juice/love juice）	jus cinta	ジュス チンタ
愛撫（petting/groping/fondling）	raba	ラバ
クンニリングス（cunnilingus）	kunilingus	クニリングス
フェラチオ（fellatio/blow job）	felasio	フェラスィオ
性交（sex/bang/humping/nooky）	se'ks	セックス
性交をする（fuck/poke/copulate）	bercinta	ブルチンタ
口内性交（oral sex）	oral se'ks	オラル セックス
肛門性交（anal sex/sodomy）	anal se'ks	アナル セックス
３人プレイ（threesome）	se'ks bertiga	セックス ブルティガ
ＳＭ（sadomasochism）	sado masokis	サド マソキス
シックスナイン（sixty nine）	posisi enam sembilan	ポスィスィ ウナム スンビラン
絶頂（orgasm/climax/acme）	orgasme	オルガスム
膣外射精（cumshot）	e'jakulasi e'kstravaginal	エジャクラスィ エクストラファギナル
膣内射精（cream pie）	e'jakulasi intravaginal	エジャクラスィ イントラファギナル
性欲（sexual desire/lust）	gairah se'ksual	ガイラッ セックスアル
発情する（rut/go into heat）	bergairah	ブルガイラッ
自慰（masturbation/onanism）	masturbasi / onani	マストゥルバスィ / オナニ
自慰する（spank the monkey）	melakukan masturbasi	ムラクカン マストゥルバスィ
射精する（cum/ejaculate/jack off）	e'jakulasi	エジャクラスィ
避妊具（contraceptive device）	alat kontrase'psi	アラッ(ト) コントラセプスィ
避妊する（prevent pregnancy）	mencegah hamil	ムンチュガッ ハミル

なかなか人には聞けない単語

避妊薬 (contraceptive agent)	obat KB	オバッ(ト) カーベー
コンドーム (condom)	kondom	コンドム
媚薬 (aphrodisiac)	obat perangsang	オバッ(ト) プランサン
精力絶倫 (unequaled)	vitalitas	フィタリタス
勃起不全 (ED/impotence)	impote'n	イムポテン
不感症 (frigidity)	frigid	フリギド
性病 (STD/STI/VD)	penyakit kelamin	プニャキッ(ト) クラミン
エイズ (AIDS)	AIDS	アイズ
月経 (menstruation/period)	datang bulan / me'ns	ダタンブラン / メンス
堕胎 (abortion)	aborsi	アボルスィ
中絶する (discontinue)	menggugurkan	ムンググルカン
売春 (prostitution/escort service)	prostitusi	プロスティトゥスィ
売春婦 (prostitute/sex worker)	pelacur	プラチュル
処女 (virgin/V-Card)	perawan	プラワン
オカマ (drag queen)	waria	ワリア
ゲイ女性 (lesbian/gay woman)	le'sbi	レスビ
ゲイ男性 (homosexual/gay man)	gay	ゲイ
バイセクシャル (bisexuality/switch hitter)	bise'ksual	ビセックスアル

出会い

デート

恋人同士

結婚

トラブル

友達同士

単語集

日本国内 個人向けサービス

東京秋葉原・東京新宿・大阪梅田 インドネシア語学校

ランゲージステーション

目的によって選べる多彩なレッスン

グループレッスン

▶ 週に1回の固定制、月謝制で授業料が安い、友達が出来る、自分の予測しない質問が他人から出るのが特徴です。

プライベートレッスン

▶ 自由予約制（チケット）、固定制（月謝）とスケジュールに合わせて選択できます。
▶ チケット制は前日18時までなら何度でも変更キャンセルOK！

3日間漬け特訓コース

▶ 急な出張や旅行に最適。実践的なフレーズを中心にレッスンします。
▶ 1日3時間 x 3日間のコースで基本的に生徒さんの都合のいい3日間で設定します。

1日缶詰6時間コース

▶「旅行前に少しだけ勉強したい」「急に仕事で必要になった」という方におすすめの超短期コースです！
▶ 既習者の「会話・スピーチの練習がしたい」「苦手なところを集中的に勉強したい」などのご要望にも対応します。

インターネット授業

▶ 通学することができない遠方の生徒さんに好評です。PC・スマホ・タブレット可。

外国人向け日本語コース

▶ 外国人のお友達、恋人に日本語を習わせてあげて下さい。

セミプライベート

出張レッスン

講師全国派遣サービス

企業向け語学研修

 翻訳
● 手紙、ラブレターなど 日本語1文字 **10円〜**
● 婚姻届受理証明書、出生届、出生証明書、戸籍謄本、住民票などの公的書類 **8,000円〜**

 通訳
● ショッピングのアテンド、男女間の話し合いなど専門性、スピードを求めないもの
※これ以外は専門通訳となります。法人向けサービスをご覧下さい。 **40,000円〜/日**

日程、時間はホームページをご覧下さい。
既習者の方はカウンセリングの後最適なコースへご案内しますので、お気軽にお問い合わせ下さい。

 無料体験レッスン実施中

【東京秋葉原校】

所在地	〒101-0024 東京都千代田区神田和泉町 1-8-10 神田THビル4F
TEL	03-5825-9400
FAX	03-5825-9401
E-mail	akiba@tls-group.com
アクセス	JR・TX・東京メトロ秋葉原駅 昭和通り口から徒歩4分

【東京新宿校】

所在地	〒160-0021 東京都新宿区歌舞伎町 2-41-12 岡埜ビル6F
TEL	03-5287-2034
FAX	03-5287-2035
E-mail	tokyo@tls-group.com
アクセス	新宿駅東口 8分 / 新大久保駅 7分 西武新宿駅 3分 / 東新宿駅 3分

【大阪梅田校】

所在地	〒530-0056 大阪府大阪市北区兎我野町 9-23 聚楽ビル5F
TEL	06-6311-0241
FAX	06-6311-0240
E-mail	info@indonesiago.com
アクセス	JR大阪駅、地下鉄梅田駅から泉の広場M14番出口徒歩5分

英語、タイ語、インドネシア語、ベトナム語、中国語、スペイン語、ポルトガル語、ロシア語、台湾華語、韓国語、ドイツ語、アラビア語のレッスンを行っております。
2言語、3言語とお申し込みの場合特別価格でご案内しております。

http://www.indonesiago.com/

日本国内
法人向けサービス

ビジネス通訳と翻訳サービス

長期のオーダーなどはボリュームディスカウントさせていただきます。

インドネシア語⇔日本語はもちろん、**インドネシア語⇔各国語**もお任せ下さい！

ビジネス通訳	**60,000円〜**/日
同時通訳	**100,000円〜**/日
ビジネス翻訳	日本語1文字 **22円〜**

見積無料

ISO、各種契約書、各種証明書、戸籍、定款、新聞、雑誌、パンフレット、カタログ、取扱説明書、協定、論文、履歴書、会社案内、報告書、企画書、規約など

従業員語学研修と講師派遣

▶ 海外赴任前の従業員様への語学研修、その他生活や現地ワーカーとの付き合い方までレッスンできます。研修生を受け入れる法人様の日本語研修、出張レッスンもお任せ下さい。
▶ 各コースとも専用プランをご提案させて頂くと共に、必要に応じて学習到達度等のレポートを提出する事も可能です。

各国語ナレーター・映像製作

▶ 海外向けPV、現地従業員教育ビデオなど、多種多様な映像製作と外国語ナレーションを取り扱っています。

タイ・バンコク市場調査・現地プロモーション

▶ インターネットリサーチでは不可能なバンコクで個人向け商品の試用、試飲、試食アンケートを行います。日本に居ながら現地で撮影したプロモーション、インタビューを分析することも可能です。コンサルタントも可能ですので、ぜひ一度ご相談下さい。

英語、タイ語、インドネシア語、ベトナム語、中国語、スペイン語、ポルトガル語、ロシア語、台湾華語、韓国語、ドイツ語、アラビア語のご依頼を承っております。

インドネシア語通訳、翻訳、教室の

ランゲージステーション

【東京秋葉原】
03-5825-9400

【東京新宿】
03-5287-2034

【大阪梅田】
06-6311-0241

http://www.indonesiago.com/

東京秋葉原校
開校記念キャンペーン実施中！

JR秋葉原駅昭和通り口より徒歩4分、駅からも近く

新しく快適な環境でインドネシア語を学んでいただけます。

新宿校へ通うことが出来なかった東京東部エリア・千葉・埼玉・茨城方面の方々

ぜひこの機会にインドネシア語を始めてみませんか！

お得なキャンペーン中に是非一度ご来校ください！

首都圏最安のレッスン料

入学金無料
0円

レッスン料
1,500円
（1レッスン 60分間）

教材費
3,000円

ランゲージステーションはここが違う！

グループ、プライベートレッスン随時募集中！

● 語学書出版「TLS出版社」併設のインドネシア語学校
● 先生は日本語が話せるインドネシア人
● 必要な言葉から学習するので実用的なインドネシア語が身に付く
● 豊富なレッスンコースで都合に合わせて選べる
● 無料体験レッスン開催中！ ぜひ当校の授業方法をお試しください
● 東京新宿校もキャンペーン実施中！

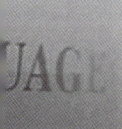

詳しくは **http://www.indonesiago.com/**

東京秋葉原・東京新宿 インドネシア語学校

ランゲージステーション

● 選べる多彩なレッスン ●

グループレッスン
- 少人数制（3人〜）
- 授業料は月謝制
- インドネシア人講師が日本語で授業

プライベートレッスン
- 完全予約制
- マンツーマンの徹底指導
- インドネシア人講師が日本語で授業

ネット de インドネシア語
- 忙しくて通学できない方
- 遠方で通えない方
- 接続テストは無料です

三日間特訓コース
- 完全予約制
- 急な出張や旅行前に最適
- お一人でも受講可能

セミプライベートレッスン
気の合うお友達・ご夫婦2名でレッスン

1回完結レッスン
インドネシア語の初歩中の初歩を75分間で

インドネシア人向け日本語講座
インドネシア人のお友達・恋人に日本語を

昼コース　全国講師派遣
出張講座　法人様向け語学研修

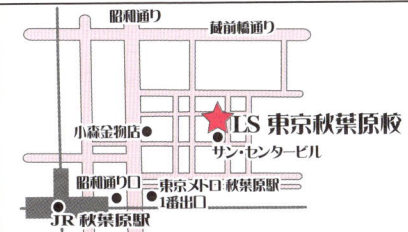

LS 東京秋葉原校

〒101-0024
東京都千代田区神田和泉町1-8-10 神田THビル4F
TEL 03-5825-9400　FAX 03-5825-9401
MAIL　akiba@tls-group.com

JR・つくばエクスプレス・東京メトロ
秋葉原駅 昭和通り口から徒歩4分

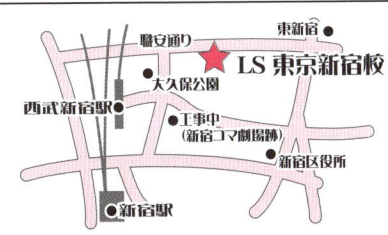

LS 東京新宿校

〒160-0021
東京都新宿区歌舞伎町2-41-12 岡埜ビル 6F
TEL 03-5287-2034　FAX 03-5287-2035
MAIL　tokyo@tls-group.com

新宿駅東口 徒歩8分 / 西武新宿駅 徒歩3分
大久保駅・新大久保駅 徒歩7分
東新宿駅 徒歩3分

ⅡLS TLS出版社

日本国内人気No.1入門書！ CD付

一夜漬け

世界一わかりやすい！

インドネシア語

CD付き
世界一わかりやすい！
インドネシア語
Menguasai Bahasa Indonesia dalam Semalam
一夜漬け
らくらく単語集
話せる！
通じる！

初めてのインドネシア語学習
旅行・出張に！

A5判 170ページ CD付
村田 恭一 著
本体 1,700円＋税
ISBN 978-4-434-15741-7

Part 1 入門講座

インドネシア語の基本を
「発音」「数字」「文法」にわけて
ていねいに分かりやすく解説！

場面別

Part 2 フレーズ集

単語を入れ替えるだけで、らくらく会話
インドネシア語とカナ読み併記で
指差し会話もOK！

カテゴリー別

Part 3 単 語 集

お近くの書店にない場合は当社へ

店頭にない場合は、当社までお電話またはFAXでご注文下さい。FAXでのお求めの際は書籍名、
氏名（社名）、お届け先ご住所、電話番号をご記入の上、送信して下さい。ご注文承り後
4～7日以内に代金引換郵便でお届けいたします。（別途送料・代引手数料がかかります）
また、当社ホームページからもお求めいただくことができます。

TEL： 06-6311-0241　FAX： 06-6311-0240
ホームページ： http://www.tls-group.com

⊤LS TLS出版社

アジアに強いTLS出版社の実用単語集シリーズ！

移動中でもMP3で聞ける！
CD付き

実用 インドネシア語単語集

移動中でもMP3で聞ける！
実用 インドネシア語 単語集
Buku Kosakata Bahasa Indonesia Praktis
CD-ROM 付

TLS出版社　スリ・ネリ・トリスナワティ・ロハンディ 著

ぶっつけ本番でも話せる! 通じる!
便利で使える生活密着型!!
初めてのインドネシア語学習・旅行・出張に!

全ての単語・例文の**日→イン**交互に吹き込んだ **MP3** を付属。

移動中・作業中に、本がなくても **iPhone** や**スマホ** で耳から学習！

カナ読みを併記してあるので、初心者も安心。
日本語にはローマ字とひらがなが
併記してあるのでインドネシア人も使える！
行動順のページ構成で関連性を重視。
出張、旅行、滞在、初心者、学習者、老若男女
誰でも気軽に便利に使える
オールラウンドな単語集！

B6判 238ページ CD-ROM付
スリ・ネリ・トリスナワティ・ロハンディ 著
本体 1,500円＋税
ISBN 978-4-434-18867-1

お近くの書店にない場合は当社へ

店頭にない場合は、当社までお電話またはFAXでご注文下さい。FAXでのお求めの際は書籍名、氏名(社名)、お届け先ご住所、電話番号をご記入の上、送信して下さい。ご注文承り後4〜7日以内に代金引換郵便でお届けいたします。（別途送料・代引手数料がかかります）また、当社ホームページからもお求めいただくことができます。

TEL： 06-6311-0241　FAX： 06-6311-0240
ホームページ： http://www.tls-group.com

TLS出版社

インドネシア語初心者のためのポケット辞典！

日インドネシア
インドネシア日
ポケット辞典

日 → インドネシア「**4000語**」
インドネシア → 日「**4000語**」を収録！

日常生活に関する単語はこれ1冊でOK!

例文を併記してあるので、作文、会話にとても便利!

カタカナ表記だから聞いた音ですぐ引ける!

コンパクトなハガキサイズなので
旅行のときも邪魔にならない!

ハガキ判 522ページ
TLS出版編集部：著
本体 1,800円＋税
ISBN 978-4-434-17665-4

国内最安値！
驚異の本体価格 **1,800** 円

お近くの書店にない場合は当社へ

店頭にない場合は、当社までお電話またはFAXでご注文下さい。FAXでのお求めの際は書籍名、
氏名(社名)、お届け先ご住所、電話番号をご記入の上、送信して下さい。ご注文承り後
4～7日以内に代金引換郵便でお届けいたします。（別途送料・代引手数料がかかります）
また、当社ホームページからもお求めいただくことができます。

TEL：06-6311-0241　FAX：06-6311-0240
ホームページ：http://www.tls-group.com

TLS出版社

TLS出版社　最強ラインナップ！

● 実用単語集 シリーズ

実用 ベトナム語 単語集 (CD-ROM付)
チャン・トゥン・ニュー・マイ 著　B6判 240頁

実用 ロシア語 単語集 (CD-ROM付)
松下 則子 著　B6判 256頁

実用 タイ語 単語集 (CD付)
藤崎 ポンパン 著　B6判 240頁

実用 ブラジル・ポルトガル語 単語集 (CD-ROM付)
新垣 クラウディア 著　B6判 238頁

実用 中国語 単語集 (CD付)
TLS出版編集部 著　B6判 226頁

実用 スペイン語 単語集 (CD付)
萩本 和佳子 翻訳・監修　B6判 202頁

実用 韓国語 単語集 (CD付)
TLS出版編集部 著　B6判 198頁

実用 フランス語 単語集 (CD付)
TLS出版編集部 著　B6判 234頁

実用 イタリア語 単語集 (CD付)
大瀬 順子／小澤 直子 翻訳・監修　B6判 208頁

実用 ドイツ語 単語集 (CD付)
TLS出版編集部 著　B6判 224頁

● 学校では教えてくれない! 男と女の会話術 シリーズ

男と女の タイ語 会話術 (CD付)
藤崎 ポンパン 著　B6判 250頁

男と女の スペイン語 会話術 (CD付)
榎本 和以智 著　B6判 242頁

男と女の 中国語 会話術 (CD付)
TLS出版編集部 著　B6判 210頁

男と女の ロシア語 会話術 (CD付)
マフニョワ ダリア 著　B6判 228頁

男と女の 韓国語 会話術 (CD付)
TLS出版編集部 著　B6判 198頁

近日発売 男と女の フィリピン語 会話術 (CD付)
伊藤 クリスティーナ 著　B6判 240頁

お近くの書店にない場合は当社へ

店頭にない場合は、当社までお電話またはFAXでご注文下さい。FAXでのお求めの際は書籍名、氏名 (社名)、お届け先ご住所、電話番号をご記入の上、送信して下さい。ご注文承り後4～7日以内に代金引換郵便でお届けいたします。(別途送料・代引手数料がかかります)また、当社ホームページからもお求めいただくことができます。

TEL : 06-6311-0241　FAX : 06-6311-0240
ホームページ : http://www.tls-group.com

学校では教えてくれない！
男と女のインドネシア語会話術

Teknik bicara pria & wanita
dalam Bahasa Indonesia

2014年11月1日　初版発行　　著　者　ＴＬＳ出版編集部
　　　　　　　　　　　　　　　発行者　藤崎 ポンパン
　　　　　　　　　　　　　　　発行所　ＴＬＳ出版社　　発売所　星雲社

● **東京新宿校（Tokyo Shinjuku Office）**
〒160-0021 東京都新宿区歌舞伎町2-41-12 岡埜ビル6F
Tel：03-5287-2034　Fax：03-5287-2035　E-mail：tokyo@tls-group.com

● **東京秋葉原校（Tokyo Akihabara Office）**
〒101-0024 東京都千代田区神田和泉町1-8-10 神田ＴＨビル4F
Tel：03-5825-9400　Fax：03-5825-9401　E-mail：akiba@tls-group.com

● **大阪梅田校（Osaka Umeda Office）**
〒530-0056 大阪府大阪市北区兎我野町9-23 聚楽ビル5F
Tel：06-6311-0241　Fax：06-6311-0240　E-mail：school@tls-group.com

スクンビット校（Bangkok Sukhumvit Office）
Tel：02-653-0887　　E-mail：tls@tls-bangkok.com

シーロム校（Bangkok Silom Office）
Tel：02-632-9440　　E-mail：tls@tls-silom.com

プロンポン校（Bangkok Phromphong Office）
Tel：02-662-2584　　E-mail：tlssoi33@gmail.com

シラチャ校（Chonburi Sriracha Office）
Tel：038-323-707　　E-mail：tlssriracha@hotmail.com

http://www.tls-group.com

ＴＬＳ出版社の書籍は、書店または弊社HPにてお買い求めください。
本書に関するご意見・ご感想がありましたら、上記までご連絡ください。

企画・製作　早坂 裕一郎（Yuichiro Hayasaka）　　装丁・編集　中村 直美（Naomi Nakamura）

ナレーター　ランギット・スンジャ（Langit Senja）/ ネイト・リッチモンド（Nate Richmond）

コ　ラ　ム　本木 周一（Shuichi Motoki）

無断複製・転載を禁止いたします。
Copyright ©2014 TLS Publishing All Rights Reserved.
[定価はカバーに表示してあります。]　[落丁・乱丁本はお取り替えいたします。]

ISBN 978-4-434-19390-3 C2087　Printed in Japan　　　　印刷　株式会社 ナポ（NAPO Co.,Ltd.）